*Das neue Advents- und Weihnachtsbuch
für die ganze Familie*

Das neue
Advents- und Weihnachtsbuch
für die ganze Familie

Carl Habel Verlag

Konzeption/Redaktion: Fabian und Annette Lutter
Einbandgestaltung: Uta Ellermann
Gesamtherstellung: Carl Habel GmbH, Darmstadt
Printed in Germany
ISBN 3-87179-184-9

Inhalt

Kapitel I

Basteln zur Weihnachtszeit

Kapitel II

Brauchtum in der Weihnachtszeit

Kapitel III

Adventskalender zum Selbermachen

Kapitel IV

Essen und Trinken, Backen

Kapitel V

Lieder, Gedichte und Geschichten

Vorwort

Die Vorweihnachtszeit hat in unserer materialistisch geprägten Zeit viel von seinem früheren Glanz verloren und wird, durch den kommerziellen Mißbrauch des Weihnachtsfestes, immer mehr zweckentfremdet.
Trotz des ausgestellten Glanzes und der vielen Lichtermeere auf Plätzen, in den Straßen, den Geschäften und Kaufhäusern kann man wieder zurückfinden zur Zeit der Besinnung und der Muse, sich Zeit nehmen für die Handarbeit, zum Basteln und der Vorbereitung für das große Familienfest »Die Weihnacht«.
Dieses Buch will Sie animieren wieder Dinge zu tun, die Sie aus Ihrer Kindheit kennen. Es will Ihnen helfen beim Reproduzieren nicht nur zu eigenen, sondern auch zur Freude Ihrer Kinder oder Enkelkinder.

Basteln zur Weihnachtszeit

Die vorweihnachtliche Zeit ist die Zeit der langen Abende, an denen man sich gern mit den Vorbereitungen zum großen Fest beschäftigt. Es ist die Zeit der Bastler und Freunde der Handarbeit.

In dem nun folgenden Kapitel werden zahlreiche Vorschläge zum Selbermachen vorgestellt.

Es sind nicht nur die Beispiele zur Herstellung eines Adventskranzes oder das Schmücken eines Weihnachtsbaumes; es wird auch gezeigt, wie man Kerzen selber macht, weihnachtliche Gestecke und Hausschmuck herstellt.

Es gibt zahlreiche Vorschläge zur Herstellung von recht individuellen Geschenken und auch, wie man diese geschmackvoll verpackt und mit der Verpackung wiederum etwas neues basteln , bzw. nähen kann. Wie man einen festlichen Tisch vorbereitet werden Sie auch erfahren.

Viel Spaß beim Studieren dieses Kapitels und gutes Gelingen beim Nacharbeiten der vorgestellten Arbeiten.

Adventskränze selbst gemacht

Was wäre die Vorweihnachtszeit ohne Adventskranz? Und selbst gebastelt soll er natürlich auch sein.
Auf diesen beiden Seiten zeigen wir ein paar Beispiele. Es sind Anregungen, die durch ein paar Änderungen zu einer großen Zahl unterschiedlicher Kränze führen kann.

Hübsche Schleifen und Lametta

Dieser Kranz ist ganz konventionell und sticht lediglich durch seine Farbgebung hervor. Rosa Kerzen und eine rosa Schleife machen ihn zum Blickfang.
Um einen fertig gekauften Kranz wird ein breites rosafarbenes Satinband gewunden. Das Ende des Bandes mit kleinen Stecknadeln auf der Unterseite »unsichtbar« befestigen.
Unten in die Kerzen einen Nagel stecken, dessen Kopf mit der Beißzange abgekniffen wurde. Auf diese Weise lassen sich die Kerzen im Kranz gut feststecken. Eine große rosa Schleife vervollständigt das Bild.
Abbildungen oben links, links und unten.

Zypressen und Christdorn

Hier ein Adventskranz aus Zypressen und Christdornblättern, vergoldeten Lärchenzapfen und Papierknospen.
Dieser kann immer wieder verwendet werden, indem man ihn in Zeitungspapier einwickelt oder in Plastik aufbewahrt.
Abbildung oben rechts.

Efeuranken

Auf einem Halmkranz werden Efeuranken gebunden. Dazwischen sind Deko-Kügelchen, Schneebeeren und kleine Päckchen, die sie auch füllen können, angebracht.
Alle Dinge mit Draht umwickeln und dann in den Kranz einstecken.
Abbildung oben.

Adventskranz aus Thuja

Aus dem Hobbyladen erwerben Sie einen fertigen Kranz aus Styropor oder Stroh und binden Thuja herum. Man schneidet die Thujazweige in gleiche Größen und legt sie um den fertigen Kranz. Dann werden die Teile mit Blumendraht dicht gebunden, bis der Kranz vollständig mit Thuja bedeckt ist. Er wird dekoriert mit kleinen Deko-Äpfelchen, Tannen- oder Kiefernzapfen und roten Schleifchen.
Je nach Wunsch und Phantasie kann man noch andere weihnachtliche Dekorationen befestigen.
Vier Kerzenhalter festbinden und rote Kerzen anbringen. So bekommen wir einen rustikalen Kranz.

Wohnungs- und Hausschmuck

Hübsche Kerzen

Kerzen schmücken jeden Tisch. Im Hobbyladen kaufen wir buntes festes Papier. Aus diesem Papier werden die Motive für unsere Kerzen geschnitten.
Fein säuberlich die Motive auf die Kerzen kleben und schon haben wir etwas Besonderes.
Es ist auch möglich, im Bastlerladen Wachsstreifen zu kaufen, sollte man diese dem Papier vorziehen.
Abbildungen oben links, links und unten links.

Tannenzapfen Kerzenständer

Aus einer Knetmasse (*Bastelgeschäft*) formen wir einen runden Untersatz. Darauf drücken wir einen großen Tannenzapfen fest. ·Man kann diesen bei einem Waldspaziergang suchen, oder ihn einfach im

Hobbygeschäft kaufen. Nun steht der Zapfen auf dem Untersatz, und wir kleben oder stecken 3 oder 4 Kerzen darauf. Die Kerzen können angebracht werden, indem man sie unten erhitzt und sofort auf die ausgesuchte Stelle drückt.
Abbildung vorhergehende Seite unten rechts.

Nikolausstiefel

Ein alter Gummistiefel ist mit Glanz und Glimmer weihnachtlich hergerichtet. Und so wird er gemacht:

Material:
1 Kindergummistiefel, Doppelklebeband, Girlande aus Kunststoff, Sternpailletten, Kleber, Lackspray.

In den Stiefelschaft senkrecht bis zur Hälfte der Schaftlänge 10 Schnitte machen und jeweils die Ecken oben leicht anschrägen. An der oberen äußeren Kante von jedem Zacken einen Klebestreifen von ca. 1x1 cm befestigen. Die Zacken nach unten umbiegen und am Stiefel befestigen. Dadurch entstehen Schlaufen. Danach den ganzen Stiefel mit schnell trocknendem Lackspray einsprühen. Nach dem Trocknen die Kunststoffgirlande durch die Schlaufen ziehen.
Bevor der Stiefel mit den Nikolausüberraschungen gefüllt wird, die Flächen mit Klebstoff einstreichen und Sternchen darauf verteilen.
Zusatzidee: Zahlenkerzen (gibt's in vielen Farben) zu einem Datum, zum Beispiel Nikolaustag, dazustellen.

Fensterschmuck

Die Wichtelmänner kann man aus Filz selber basteln, ebenso die roten Herzen und Äpfel.
Eine ähnliche, weihnachtliche Fensterdekoration kann man aber auch fertig kaufen und braucht sie dann nur noch anbringen. Auf die Fensterbank stellen wir eine Schale mit Nüssen, Äpfeln und Orangen. Tannenzweige oder ähnliches vervollständigen das rustikale Bild.

Immergrüner Adventskranz

Adventskranz – einer zum Wiederverwenden. Das nadelfreie Gebilde aus Kunststoff schmückt aufgehängt besonders schön Türen und Fenster – ein weihnachtlicher Empfang für die festlichsten Wochen des Jahres. Wir haben den Kranz mit liebevoll gesammeltem Schmuck, alles was die Weihnachtskiste hergibt, verziert.

Duftorangen

Man nehme eine schöne, dicke Orange und bespickt diese dicht mit Nelken. Anschließend wird eine Schleife um die Orange gebunden. Lassen Sie das Schleifenband ziemlich lang, damit die Apfelsine aufgehängt werden kann. Sie verbreitet einen angenehmen Weihnachtsgeruch. Abb. rechts.

Sternenfenster

Aus Immergrün eine Girlande arbeiten. Zweige alle auf gleiche Länge schneiden, mit Blumendraht die Zweigenden umwikkeln und wieder einen neuen Zweig auflegen; diesen dann an den vorderen wikkeln. Die Prozedur so lange wiederholen, bis die Girlande die richtige Länge für das von Ihnen gewählte Fenster hat.
Man kann auch eine Girlande aus Goldglitter herstellen oder eine kaufen.
Nun goldene Sterne in verschiedenen Größen anhand der Schablone ausschneiden. Mit Bändern in unterschiedlichen Längen am Fenster befestigen.

Die Girlande mit bunten Weihnachtskugeln dekorieren und das gesamte Fenster noch mit gekräuseltem Geschenkband verzieren.

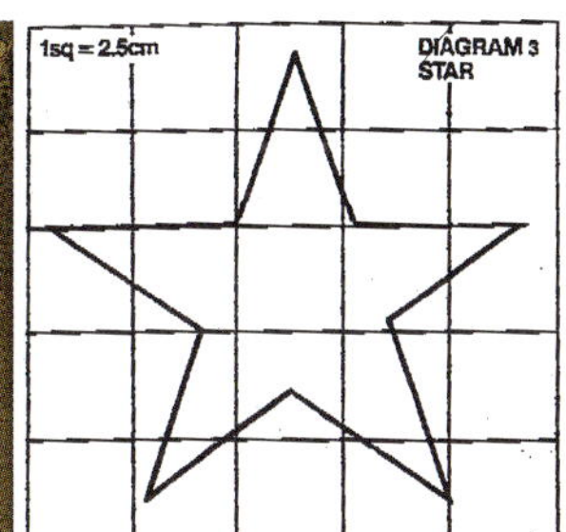

Weihnachtsgeschenke zum Selbermachen

Selbstgebastelte Geschenke sind für den Beschenkten immer wieder ein Ausdruck besonderer Wertschätzung. Wir stellen nun ein paar Beispiele vor, die sicher keine Zauberwerke sind, jedoch etwas Zeit und Geschick erfordern. Dadurch werden sie aber zu ganz besonders wertvollen Geschenken.

Marzipan-Schneemänner

Für 1 Schneemann braucht man:
200 g Marzipanrohmasse
150 g Puderzucker
Schokoladenkuvertüre (Fertigprodukt)
Zum Verzieren:
1 rote Belegkirsche, Mandelstifte

Die Marzipanrohmasse mit dem gesiebten Puderzucker zu einer glatten Masse verkneten. Aus gut der Hälfte der Masse eine Kugel formen. Aus dem restlichen Marzipan eine kleinere Kugel und einen Hut formen. Den Hut in aufgelöster Kuvertüre tauchen und trocknen lassen. Die kleine Kugel mit etwas Kuvertüre auf der großen Kugel befestigen, den Hut ebenfalls mit etwas Kuvertüre auf die kleine Kugel setzen. Leicht andrücken. Die Mandelstifte in Kuvertüre tauchen und Augen und Knöpfe am Schneemann anbringen. Die Nase und den Mund aus der roten Belegkirsche formen und anbringen. Zum Schluß den Schneemann mit etwas Puderzucker besieben und als Geschenk in Klarsichtfolie verpacken. Mit Bändchen und Tannenzweig dekorieren.

Früchtebrot

3 Eier, 125 g Zucker
abgeriebene Schale von 1 unbeh. Zitrone
6 El brauner Rum
1 Tl gemahlener Zimt
60 g Haselnüsse, 60 g Paranüsse
65 g Feigen, 65 g Datteln ohne Stein
65 g getrocknete Pflaumen ohne Stein
je 50 g Zitronat und Orangeat
250 g kernlose Rosinen
125 g Mehl
1 gestr. Tl Backpulver
ca. 30 Mandelhälften

für die Garnierung:
Zitronatstreifen
Belegkirsche

Eier und Zucker schaumig rühren. Zitronenschale, Zimt und Rum unterrühren. Grob gehackte Nüsse und Mandeln, zerschnittene Feigen, Datteln und Pflaumen sowie gewürfeltes Zitronat und Orangeat zusammen mit den Rosinen locker unter die Schaummasse heben. Mehl mit Backpulver sieben, mischen und auf die Masse geben. Locker darunterziehen. Den Teig in eine gefettete Kasten- oder Herzform füllen und die Oberfläche mit den Mandelhälften garnieren. Im vorgeheizten Backofen bei 175 Grad ca. 70 Minuten backen. Wird das Früchtebrot in einer Herzform gebacken, darin abkühlen lassen und die Oberfläche mit Zitronatstreifen und der Belegkirsche garnieren. Wird es in einer Kastenform gebacken, ebenfalls leicht auskühlen lassen und das Brot auf ein Kuchengitter stürzen und erkalten lassen. Die Oberfläche auch mit Zitronatstreifen und Belegkirsche garnieren. Beide gebackenen Arten können in Klarsichtfolie eingepackt werden. Entweder mit einem hübschen Band und Tannenzweiglein dekorieren, oder auf einem ausgefallenen Tablett verschenken.

Kalbfleischterrine

500 g Kalbfleisch, 250 g Kalbsleber
75 g gekochter Schinken
75 g durchwachsener Speck
3 auf Salz zerriebene Knoblauchzehen
1 gehackte Zwiebel (75 g),
1 El gehackte Petersilie
1 TL Salz
1/2 Tl gemahlener Pfeffer
1/2 Tl Paprikapulver edelsüß
1/4 Tl gemahlener Zimt
1 verquirltes Ei, 2 El Weinbrand

für die Form:
175 g gekochter Schinken
175 g fetter, grüner Speck in Scheiben geschnitten
2-3 Lorbeerblätter
1 kleiner Thymianzweig
1 Terrine von 1,2 l Inhalt

Das Kalbfleisch, die Leber und der gekochte Schinken sowie den Speck durch die grobe Scheibe des Fleischwolfs drehen und vermischen. Zerriebene Knoblauchzehen, Zwiebelwürfel, Petersilie, Salz, Pfeffer, Paprikapulver, Zimt, Ei und Weinbrand zufügen und alles zu einer glatten Masse verarbeiten. Abschmecken evtl. nachwürzen. Die Terrine mit den Speckscheiben auslegen, Fleischmasse hineingeben, die Form auf der Tischkante mehrmals aufstoßen und die Oberfläche mit den Schinkenscheiben belegen. Die Lorbeerblätter und den Thymianzweig darauflegen.
Die Terrine im vorgeheizten Backofen bei 200 Grad 60-70 Minuten garen. Dann herausnehmen und völlig auskühlen lassen.

Trüffelrosetten

1/4 l Sahne, 150 g Zartbitter-Schokolade
100 g Vollmilch-Schokolade
200 g Nuß-Nougatmasse (fertig gekauft)
30 kleine Papiermanschetten oder Metallmanschetten

Die Sahne in einen Topf gießen, die in kleine Stücke gebrochene Schokolade zufügen und alles unter Rühren erhitzen, bis eine glatte Masse entstanden ist. Einmal kurz aufkochen lassen. Dann in eine Schüssel geben. Die in Stücke geschnittene Nougatmasse hinzufügen und alles so lange rühren, bis eine homogene Masse entstanden ist. Kalt stellen und zwischendurch umrühren. Die erkaltete Masse mit den Rührbesen des Elektroquirls so lange schlagen, bis eine schaumige Masse entstanden ist. Trüffelmasse in kleine Mengen in einen Spritzbeutel mit gezackter Tülle geben und in die Papiermanschetten spritzen. Nach Belieben die Oberfläche mit gehackten Pistazien oder Veilchenblüten garnieren.
Im Kühlschrank fest werden lassen.

Rotweinzwiebeln

1 kg kleine Zwiebeln
(am besten Grillzwiebeln)
1/4 l Rotweinessig
1 Tl Salz
250 g Zucker
4 Lorbeerblätter
1 Stück eingelegte Ingwerknolle
1 Tl gemahlener Salbei
5 Nelken, 10 schwarze Pfefferkörner
1 Zimtstange
abgeschälte Schale von 1 unbehandelten Zitrone
1/4 l trockener Rotwein

Die Zwiebeln abziehen und 10 Minuten im kochenden Wasser blanchieren. Auf einem Sieb abtropfen lassen. Rotweinessig, Salz und 100 g Zucker in einen Topf geben und aufkochen. Beiseitestellen. Restlichen Zucker in einem Topf zum Schmelzen bringen und so lange erhitzen, bis eine Karamelmasse entstanden ist. Den Essigsud hinzufügen und die Karamelmasse unter Rühren darin vollkommen auflösen. Restliche Gewürze und Zwiebeln hinzufügen

und alles bei schwacher Hitze etwa 5 Minuten köcheln. Vom Herd nehmen und den Rotwein zugießen. Zwiebeln und Gewürze mit einem Schaumlöffel aus dem Sud heben und in ein dekoratives Glas oder Tontopf füllen. Den heißen Sud darübergießen und 2-3 Tage am kühlen Ort durchziehen lassen. Das Glas mit einem hübschen Tuch und Bändchen verschließen.

Baiserherzen »Rosa«

4 Eiweiß, 225 g Zucker
2 Tl Zitronensaft
rote Lebensmittelfarbe oder roter Saft

Eiweiß zu steifem Schnee schlagen und nach und nach 2/3 des Zuckers und den Zitronensaft zufügen. So lange weiterschlagen, bis die Masse zäh wird. Dann den restlichen Zucker unterschlagen und die Baisermasse mit Lebensmittelfarbe oder Saft färben bis sie rosa ist. Die Baisermasse in einen Spritzbeutel mit Lochtülle füllen und auf ein mit Backtrennpapier ausgelegtes Backblech Herzen in gleicher Größe spritzen. Im vorgeheizten Backofen bei 110 Grad in 100 Minuten trocknen lassen. Nach dem Trocknen die Herzen vom Papier nehmen und auf einem Kuchengitter weiter trocknen lassen. Zwei Herzen mit etwas Puderzuckerglasur und Samtbändchen zusammenkleben, trocknen lassen und in Cellophan gewickelt verschenken.

Dose aus Pfefferkuchenteig und Pralinen

Zutaten für den Teig:
250 g Honig, 125 g Zucker
100 g Sanella, 1/2 Tl Zimt
1/2 Tl Pulverkaffee, 1 Prise Salz
Schale einer abgeriebenen Orange
oder 1 Orangeback,
1/2 Rumaroma

1 Ei verschlagen
500 g Mehl, 1/2 Backpulver

für den Guß:
1 Beutel dunkle Schokoladenglasur
16-18 Schokoblätter, 20 Schokokugeln
etwas Zuckerguß mit
grüner Speisefarbe gefärbt
100 g weiße Kuvertüre
1 Würfel Palmin Kokosfett (25 g)

Honig, Zucker und Sanella in einem Topf erhitzen und verrühren bis sich der Zucker gelöst hat. Dann das Orangengewürz, Zimt, Salz, Rumaroma, Ei und den Pulverkaffee hinzufügen. Das mit Backpulver vermischte Mehl unter die Honigmasse rühren und dann gut verkneten. Den Teig im Kühlschrank ruhen lassen.
Den Teig auf einer bemehlten Fläche ca. 1/2 cm dick ausrollen und in 2 Quadrate für Boden und Deckel mit den Maßen 16x16 cm und 17x17 cm ausstechen. Alle Teilstückchen nun auf ein mit Backpapier belegtes Blech legen und ca. 10-15 Minuten bei E: 200 Grad, G: Stufe 3 im vorgeheizten Ofen backen. Anschießend alle Teile auf einem Rost abkühlen lassen und *ganz fest werden lassen für den Kasten!!*
Dann die dunkle Schokoglasur im Wasserbad erhitzen und das kleinere Quadrat, den Boden der Dose, an den Kanten mit der Glasur einstreichen. Anschließend die Seitenteile so dagegen setzen, daß sie jeweils an der rechten Seite 1 cm überstehen. Beim Zusammensetzen auch die senkrechten Kanten mit der Glasur bestreichen und erst wenn diese ganz fest geworden sind, weiterarbeiten.
Den Kasten dann von außen gleichmäßig mit der Schokolade bestreichen und den Schokoblättern dekorieren. Den Deckel ebenfalls mit Guß einstreichen, die Kugeln als Weintraube mit dem Guß festkleben und die Schokoblätter in die noch weiche Glasur drücken. Als hübsche Verzierung kann nach dem Trocknen aus Zuckerguß eine Ranke aufgespritzt werden. Dafür werden 2 EL Puderzucker mit etwas Wasser verrührt, der Guß in die Spitze eines Tiefkühlbeutels gefüllt und die Spitze abgeschnitten. Dann können Sie die Ranke spritzen.
Die Innenseite des Kastens wird mit der im Wasserbad flüssig gewordenen hellen Kuvertüre unter Hinzufügung von Palmin ausgestrichen.

Pralinen:
1 Würfel Palmin (25 g)
75-100 g weiße Kuvertüre
oder weiße Schokolade
1/2 Tl Kakao, 1/2 Tl Pulverkaffee
50-75 g Mandelsplitter
oder Mandelblätter
2 EL Rosinen (evtl. Rumrosinen)
1-2 El Kokosraspel
Pralinenförmchen

Palmin mit der Kuvertüre im Wasserbad erhitzen und Kaffee, Kakao, Mandelblätter, Rosinen und Kokosraspel unterrühren. Mit 2 Teelöffeln kleine Häufchen in Pralinenförmchen setzen und im Kühlschrank fest werden lassen. Die Menge ergibt ca. 16 Pralinen (22 Stück bei der größeren Mengenangabe).

Rosinen-Likör »Cheerio«

250 g kalifornische Rosinen
80 g weißer Kandis
1 Flasche Korn (ca. 0,75 l)
5 Eigelb, 80 g Zucker
1 kleiner Becher Sahne (100 g)

Die Rosinen zusammen mit dem Kandis in eine große, breithalsige Flasche oder in ein gut verschließbares Glas geben. Mit dem Korn auffüllen, wobei alle Rosinen mindestens zweifingerbreit bedeckt sein müssen. So lange stehen lassen, bis die Rosinen schön prall sind und sich der Kandis gelöst hat. Das kann 2-3 Wochen

dauern. Zwischendurch die Flasche hin und wieder schütteln, damit sich alles gut vermischen kann. Die Rosinen anschließend mit dem nicht eingezogenen Alkohol im Mixer fein pürieren und durch ein Sieb in ein zweites Gefäß gießen. Den Mixer säubern und die Eier mit Zucker und Sahne darin mindestens 10 Minuten auf höchster Stufe schlagen, bis die Masse sehr schaumig und dicklich ist. Nach und nach – unter ständigem Schlagen – das Rosinenpüree untermischen. Likör in Flaschen abfüllen, gut verschließen.
Da dieser Likör zum größten Teil aus frischen Zutaten bereitet wird, ist er nicht so lange lagerfähig, er sollte darum stets im Kühlschrank aufbewahrt werden.
Vor Genuß schütteln, da er sich absetzen kann.

»Süße« Nikolaus-Parade – bunt verziert!

Sehen die munteren Gesellen nicht zum Anbeißen aus? Und damit sich einer nicht so einsam fühlt, haben wir noch zwei weitere mitgebacken. Alle drei sind aus einem Honigkuchenteig gebacken.
Beliebig kann jeder einzelne Nikolaus mit Zuckerzeug verziert werden. Ein hübsches Geschenk aus der eigenen Backstube!

Zutaten für den Teig:
250 g Honig, 125 g Zucker
100 g Sanella
1/2 P. Pfefferkuchengewürz
1 Tl Kakao, 1 Prise Salz
1 Ei, 1 verschlagenes Eigelb
500 g Mehl, 1/2 P. Backpulver

für den Zuckerguß:
2 Eiweiß, 200-250 g Puderzucker
etwas Kokosraspel

zum Verzieren:
Speisefarbe, Zuckerstreusel
bunte Zuckerperlen, Blümchen
Mohn, Krokant, Smarties usw.;
Tiefkühltüten für den Zuckerguß

Honig, Zucker und Sanella in einem Topf erhitzen bis sich unter ständigem Rühren der Zucker gelöst hat. Die Masse abkühlen lassen und Gewürze, Salz und Kakao hinzufügen. Dann das Ei hinzugeben. Das mit Backpulver vermengte Mehl zunächst unter die Masse rühren und dann kneten. Den fertigen Teig anschließend einen Tag im Kühlschrank ruhen lassen.

In der Zwischenzeit aus dem Karton eine Schablone für den Nikolaus herstellen (aus einem Stück, die Arme extra ansetzen). Den Teig auf einer bemehlten Arbeitsfläche ca. 1/2 cm bis 1 cm dick ausrollen, die Form mittels der Schablone ausschneiden und auf ein mit Backpapier ausgelegtes Blech legen. Die Formen dann im vorgeheizten Ofen ca. 10 bis 15 Minuten bei E: 200 Grad bzw. G: Stufe 3 backen und anschließend zum Abkühlen auf ein Rost legen.

Dann das steifgeschlagene Eiweiß mit dem Puderzucker glattrühren, so daß ein etwas laufender Guß entsteht. Von dieser Masse ca. 1/3 abnehmen und mit Kokosraspel verrühren. Den restlichen Zuckerguß in kleinen Portionen mit Speisefarben färben und zum Garnieren in einen Tiefkühlbeutel füllen. Die Spitze fein abschneiden. Den mit Kokosraspel vermengten Zuckerguß dann für die Haare, den Bart und Pelzbesatz verwenden. Für Streusel und Mohnmantel wird der Kuchen dünn mit Zuckerguß bestrichen, um Festigkeit zu erhalten.

Von den verbleibenden Teigresten die Figürchen und Sterne, Herzen usw. schneiden oder ausstechen und entsprechend dekorieren.

Schneemann

Zutaten für den Teig:
500 g Mehl, 200 g Sanella
150 g Zucker, 2 Eier, 1 Eigelb
2 Päckchen Vanillinzucker
etwas abgeriebene Zitronenschale
1/2 TL Zimt

zum Verzieren:
1 Eiweiß
200 g Puderzucker, Speisefarben

Aus den Teigzutaten einen Mürbteig herstellen und ca. 1/2 Stunde kühlstellen. Zwei Drittel des Teiges 1 cm dick ausrollen und ein Rechteck (Größe 30 x 22 cm) ausschneiden. Aus dem restlichen Teig vier Rollen formen, flachdrücken und mit etwas Milch am Rand des Rechtecks festkleben. Mittels Schablonen oder Ausstechformen die einzelnen Figuren wie Häuser, Kinder, Schneemann etc. ausstechen. Im vorgeheizten Backofen bei E: 200 Grad, G: Stufe 3 ca. 15 Minuten backen. Auf einem Kuchengitter abkühlen lassen.
Eiweiß steifschlagen und mit dem Puderzucker vermischen. Nach Belieben mit Speisefarben einfärben. Zum Spritzen in Tiefkühlbeutel füllen und eine 1 mm große Spitze abschneiden. Die Figuren mit etwas Zuckerguß auf das Kuchenbild kleben und ganz nach Phantasie mit dem Zuckerguß verzieren.

Streichholzschachteln

Hierzu benötigen wir Filzreste in rot, grün, gelb, weiß, schwarz und grau.
Zuerst werden die Schachteln mit Rot und die zweite mit Grün überzogen, einfach nach Größe ausschneiden und aufkleben. Nun schneiden wir aus grünem Filz einen Weihnachtsbaum aus, der auf den roten Filz geklebt wird, ein gelber Stern, zwei rote Kugeln und Kerzen die brennen, werden ebenfalls aus Filz zugeschnitten und aufgeklebt.
Mit der zweiten Schachtel wird ebenso gearbeitet, nur ist das Motiv anders. Die kleine Wichteldame bekommt ein Gesicht aus fleischfarbenem Filz (hier malen wir einfach Augen, Nase und Mund darauf), eine Zipfelmütze aus rotem Filz, die Haare aus gelbem Filz, Beine aus grauem Filz und schließlich vervollständigen die schwarzen Schuhe das Bild.
Einen winzigen Rest Stoff als Schürze und etwas Spitze als Kragen aufkleben und schon ist die Wichteldame fertig.

Der festlich gedeckte Tisch

Die Weihnacht, auch die Zeit kurz davor und danach, bietet genügend Möglichkeiten, sie gebührend zu feiern.
Dazu gehört auch der festliche Schmuck eines gedeckten Tisches. Ist eine Tafel besonders liebevoll geschmückt, findet das nicht nur Anerkennung bei Ihren Gästen, sondern ganz bestimmt auch bei Ihren Familienmitgliedern.
Die gezeigten Beispiele sollen anregen und lassen sich sicher auch durch eigene Ideen verändern oder gar verbessern. Ein wenig Mühe macht das schon, aber belohnt werden Sie mit Lob und gemeinsamer Freude beim Platznehmen.

Glanztafel

Eine Glanztafel für glänzende Stunden:
Die Decke aus silbernem Stoff (in Kaufhäusern oder Stoffgeschäften erhältlich), ist mit schimmernder Folie (Dekorationsgeschäft) überlegt. In der Mitte liegt auf einem mit Alufolie überzogenem Teller Ilex und Buchsbaum, das mit Silberspray (Dekorationsgeschäft) übersprüht wird. (Beim Kauf sollten Sie darauf achten, daß die Spraydosen ohne FCKW getrieben werden.)
Die grauen Servietten werden von einem Zopf aus Lametta gehalten. Elegante silberne Kerzenleuchter zaubern schönen Glanz.
Abbildung rechts.

Adventstafel

Üppiger Tischglanz – fürs Adventsmenü ist die Tafel festlich bereitet.
Wir haben Gold- und Silberstoff als Decke drapiert und mit Ketten, Kugeln und kleinen Blättern dekoriert. Unter dem Gedeck prangt ein Platzteller aus Goldpappe. Ein paar Kerzen – fertig ist der optische Genuß.
Abbildung links.

Einfache Eleganz

Und wer es nicht so aufwendig mag:
Hier auf diesem Bild haben wir eine hübsche Decke gelegt und dazu in passenden Farben die Servietten, die mit einer Blume oder sonstigen Weihnachtsdekorationen verziert sind. In die Mitte stellen wir Kerzen und einen schönen Blumenstrauß oder ein weihnachtliches Gesteck. So ist der Tisch festlich geschmückt.
Abbildung vorhergehende Seite unten.

Festliche Eleganz

Für Gäste, die Sie besonders gern mögen: Über eine Unterdecke aus goldfarbenem Satin legen wir eine runde Spitzendecke. Die großen Platzteller aus Messing, das reinweiße Porzellan mit zartem Goldrand und vergoldete Bestecke wirken in diesem Rahmen ausgesprochen elegant. Dazu passen zarte, langstielige Gläser, gestärkte, feingefaltete Leinen-Servietten und Kerzen in klassischen Messinghaltern.
Abbildung unten.

Geschenke – mal anders verpackt

Wer freut sich nicht über ein Geschenk, das noch dazu hübsch verpackt in Empfang genommen werden darf?
Aber wie schade, wenn eine liebevolle Verpackung schließlich im Papierkorb landet!
Warum nicht mal als Alternative zu Papier Stoff verwenden? Denn dieses Material hat den Vorteil, hundertprozentig wiederverwendbar zu sein.
Es läßt sich Verschiedenes damit anfertigen. So können Sie beispielsweise daraus ein Top schneidern, einen Kissenbezug nähen oder für die Puppen des Töchterchens Kleider anfertigen.
Fazit: Besonders umweltfreundlich. Außerdem läßt sich mit Stoff schnell und effektvoll einpacken.
Kaufen Sie am besten preiswerte Reste in Kaufhäusern oder Stoffboutiquen.
Bei unserem Beispiel rechts haben wir – speziell für die weihnachtliche Verpackung – hauptsächlich glänzende, gold- und silberfarbene Stoffe gewählt. Eine sehr schöne Wirkung haben aber auch gemusterte Stoffe. Probieren Sie's doch einfach aus. Ihrer Phantasie sind keine Grenzen gesetzt!

Einige Anregungen wollen wir Ihnen nun anhand der gegenüberliegenden Abbildung vorstellen.

Edle Geschenkhüllen aus Stoff

Hinter dem Goldstoff (*oben rechts*) verbirgt sich ein edles Tröpfchen und genauso edel sollte auch die Verpackung sein.
Wir haben uns ein Stück Stoff mit den Maßen 80 x 90 cm besorgt.
Man legt den Stoff aus, stellt die Flasche in die Mitte und drapiert das Material nach oben. Am Flaschenhals mit einem Faden zusammenbinden; als wirkungsvolle Dekoration eine passende Seidenblume oder ähnliches anstecken. Fertig!
Die Materialmenge ist so bemessen, daß daraus ein Top bis Größe 48 geschneidert werden kann.

Für die Geschenkeinhüllung (*unten links*) wählen wir einen schwarz-silber karierten Stoff (*Maß: 50 x 110 cm*), der einfach um das Geschenk gewickelt und mit Nadeln festgesteckt wird. Später für ein Top bis Größe 42 brauchbar.
Die lilafarbene Rosette auf dem Bild haben wir ganz preiswert mittels einer Papierserviette selber hergestellt. Man faltet die Serviette zur Hälfte, schneidet am Bug den Rand ab und faltet in Ziehharmonikaform. Danach mit einem Faden in der Mitte fest zusammenbinden. Die Serviette besteht aus verschiedenen aufeinanderliegenden Papierblättern. Diese nun auf beiden Seiten des Fadens vorsichtig auseinanderziehen. Zum Schluß noch hübsch zurechtzupfen.
Eine solche Rosette kann man auch als Tischdekoration verwenden.

Auch in der *Mitte links* verbirgt sich hinter der Verpackung eine Flasche. Die gleiche Stoffmenge wie in der ersten Beschreibung (*Flasche in Goldstoff*) nehmen.
Wir haben den grünlichen Stoff oben geknotet und mit einer Nadel so festgesteckt, daß diese nicht sichtbar wird. Die Schleife

(*auch wieder verwendbar*) wurde aus Gitterband und Kräuselband gebastelt. Schließlich haben wir noch einen Zweig mit roten Beeren (aus dem Bastlerladen oder in Dekorationsgeschäften erhältlich) angehängt. Sie können aber auch einen Tannenzweig nehmen. Stoffmenge als Top bis Größe 48 verwendbar.

In der *Mitte rechts* steckt unter der Stoffverkleidung eine typische Frankenweinflasche. Sie stellen die Flasche in die Mitte des Stoffes (*50 x 90 cm; reicht für ein Top bis Größe 38*) und schlingen das Material geschickt um die Flasche herum. Oben wird ganz einfach verknotet und die dabei entstehenden Zipfel ragen lustig heraus. Um dem Ganzen noch einen Höhepunkt zu verleihen, aus dem Dekoladen eine hübsche Blume oder ähnliches besorgen und anstecken.

Das Buch (*unten rechts*) wickelten wir in einen schwarz-gold-silber-gestreiften Stoff (*Maß: 50 x 140 cm*). Dann legten wir das ganze in die Mitte eines großen Stücks Folie, nahmen die vier Enden oben zusammen und wickelten einen Faden herum.

Wer sieht schon, daß sich hinter der feingemachten Schneefrau eine bauchige Rotweinflasche (*1,5 l*) verbirgt? (*Oben links*)
Sie brauchen dazu einen weißen Stoff (*Maße: 80 x 90 cm; für Top bis Größe 48*), eine Styroporkugel (*Durchmesser 10 cm*), 3 oder 4 schwarze Kugeln, ein Hütchen (*das man mit Tonpapier auch selbermachen kann*) und ein Deko-Sträußchen als Kehrbesenersatz.
Wenn die Flasche nicht dick genug ist, mit Watte den Bauch vergrößern; in Stoff verpacken und mit Nadeln feststecken. Die Kugeln mit zwei Stichen annähen oder geschickt mit Nadeln befestigen. Wir haben der Schneefrau zum festlichen Anlaß auch noch eine Goldkette umgehängt. Und der übliche Kehrbesen wurde gegen ein weißes Sträußchen ausgetauscht. Zum Schluß bohren wir ein Loch in die Styroporkugel, um sie auf den Flaschenhals stecken zu können und malen anschließend das Gesicht mit dicken Filzstiften auf. Der Hut wird mit einer weißen Feder geschmückt und ebenfalls mittels Nadeln befestigt.
Wenn Sie zum Punsch oder zu einer Glühweinrunde eingeladen sind, bietet sich dieser Vorschlag als phantasievolles Mitbringsel an.

Eine hübsche Geschenkschachtel

Wir benötigen eine Spanschachtel, Filz in rot und grün (verschiedene Grüntöne verwenden).
Für den Deckel der Schachtel schneiden wir Filz aus und kleben ihn oben drauf, dann werden die Weihnachtsbaummotive ausgeschnitten. Diese kleben wir auf den roten Filz auf.
Man kann natürlich auch andere Motive machen, ganz nach Ihrer Vorstellung.

Die Spandose kann beispielsweise mit Konfekt oder anderen kleinen Überraschungen gefüllt werden.

Eine originelle Verpackung

Eine schöne und besonders geschickte Geschenkverpackung für Wandervögel: Ein Stück Pappe wird mit Folie beklebt, Hosenträger drum herum spannen und schon wirkt das Päckchen wie ein Rucksack.
Bild oben.

Weihnachtsbäume

Strahlend steht er da, der prachtvoll geschmückte Tannenbaum. Und nicht nur die Kinderherzen schlagen höher bei dem Anblick einer solchen Pracht! Es gibt die unterschiedlichsten Baumschmuck-Ideen. Einige davon zeigen wir Ihnen auf den folgenden Seiten.
Übrigens! Trotz des Baumsterbens brauchen Sie nicht auf Ihren Weihnachtsbaum verzichten. Die Bäume werden eigens für diesen Zweck in Kulturen angepflanzt und ausgeforstet.

Ein traditioneller Weihnachtsbaum mit roten Kerzen, Strohsternen und rotweiß karierten üppigen Schleifen. Die Körbchen in unterschiedlichen Formen können Sie selber aus Tonpapier basteln. Besonders reizvoll für Kinder: Die Körbchen sind mit Süßigkeiten gefüllt. Auf der Spitze sitzt ein großer Strohstern.

Ein rustikaler Tannenbaum mit kleinen und großen Strohsternen. Fröhliche Schaukelpferde, schillernde, rote Kugeln und Herzen, kleine Glasvögel und Nußknacker aus Holz harmonieren mit den roten Schleifenbändern.
Die echten Tannen- und Kiefernzapfen sollten Sie auf einem Waldspaziergang selber suchen.

Dieser Baumschmuck zeigt, daß man auch ohne Glanz und Glimmer auskommen kann.
Geschmückt wurde mit Strohsternen und goldenen Zapfen, roten und goldenen Kugeln; kleinen roten Herzen und Glöckchen und roten Kerzen.

Kostbar und edel sieht dieser Baum aus mit seinem Schmuck aus silbernen Kugeln, Tüllspitzenbändern, weißen Herzen und Zapfen mit Glitter. In den silbrigen Spiegelprismen funkelt dann am Heiligen Abend das helle Licht der weißen Kerzen, die in silbernen Haltern stehen.

Mal was anderes!
Ganz schön poppig dieser Baumschmuck. Pastellfarbene Kerzen strahlen mit bunten Seidenpapierrosetten um die Wette. Schmuckfolienband ringelt sich durchs Tannengrün, an dem bunte Kugeln hängen. Papierfächer mit Blumenmotiven und Federgestecke in Sternchenform sind ganz besonders reizvoll.
Die Fähnchen aus Glanzpapier können Sie mit Partysticks selber machen.

Dieser schöne Weihnachtsbaum ist etwas ganz Besonderes. Die Lichter nämlich sind in Papierlaternen (*gibt es zu kaufen*) untergebracht. Das sieht nicht nur besonders schön aus, sondern verzaubert Baum und Umgebung in ein strahlendes Lichtermeer. Als weiteren Baumschmuck werden Styropor- oder weiße Schmuckkugeln in verschiedenen Größen verwendet.

Extra für Kinder: Weihnachtsbaumschmuck aus Honigkuchen

Achtung Kinder, aufgepaßt! Bei der Weihnachtsbäckerei gibt es jetzt auch etwas für Euch zu tun. Unsere süßen Honigkuchen-Figuren könnt Ihr ganz einfach selbst bakken und hübsch verzieren. Vielleicht hilft Euch auch die Oma.
Wenn der Teig fertig ist, könnt Ihr Eurer Fantasie freien Lauf lassen und die schönsten Weihnachtsmänner, Sternchen, Engel, Tannenbäumchen und was Euch sonst noch so einfällt, daraus ausstechen. Mit Liebesperlen, Smarties und Zuckerzeug zum Verzieren werden Eure Honigkuchen-Figuren bestimmt sehr lustig.
Die fertigen »Kunstwerke« könnt Ihr dann an den Weihnachtsbaum hängen.

Zutaten für den Teig:
250 g Zucker, 200 g Sanella
1 Glas Bienenhonig (500 g), 1 Prise Salz
1 Päckchen Lebkuchengewürz
15 g Kakao, 2 Eier
500 g Mehl, 2 Tl Backpulver

für den Zuckerguß:
2 Eiweiß, 200-250 g Puderzucker
Speisefarben

für die Dekoration:
Liebesperlen, Smarties und Zuckerzeug

Zucker, Sanella, Honig, Salz und Lebkuchengewürz mit dem Kakao in einem großen Kochtopf mischen. Alles unter Rühren erhitzen, bis sich der Zucker vollständig gelöst hat. Die Honigmischung auskühlen lassen, in eine große Schüssel geben und mit den Eiern verrühren. Das Mehl mit dem Backpulver mischen. Eine Hälfte zur Honigmischung geben und mit den Knethaken des Handrührgerätes zu einem glatten Teig kneten. Das restliche Mehl mit den Händen kräftig unterkneten. In Folie gewickelt einen Tag im Kühlschrank ruhen lassen.
Den Teig auf einer bemehlten Unterlage oder zwischen Klarsichtfolie ca. 0,5 cm dick ausrollen und nach einer Schablone die Konturen für den Christbaumschmuck ausschneiden.
Auf Backpapier im vorgeheizten Backofen bei E: 200-225 Grad, G: Stufe 3-4, 10-15 Minuten backen. Abkühlen lassen.

Für den Zuckerguß das schaumig geschlagene Eiweiß und den gesiebten Puderzukker miteinander verrühren und je nach Bedarf mit etwas Speisefarbe einfärben. Den Baumschmuck damit bestreichen und nach Belieben mit Liebesperlen, Smarties und Zuckerzeug verzieren. Die Bänder zum Aufhängen nach dem Trocknen der Verzierungen mit Zuckerguß auf die Rückseite kleben.

Brauchtum in der Weihnachtszeit

Ankommen heißt advenire. Die Ableitung davon, Advent, bedeutet Ankunft. Die Ankunft des Herrn, die mit dem Weihnachtsfest bevorsteht.
Der 25. Dezember als Weihnachtsfesttag wurde vom Papst Liberius im Jahre 354 durchgesetzt, um damit die vielen Kulte, die an diesem Tag gefeiert wurden, zu beseitigen. Dieses Datum gilt auch als Beginn des Kirchenjahres.
Auf den folgenden Seiten wollen wir auf das Brauchtum im deutschsprachigen Raum eingehen. Nicht nur die Bedeutung des Adventskranzes sondern auch, wie man versuchte, die Adventszeit mit Hilfe eines besonderen Kalenders, dem Adventskalender, für die Kinder zu verkürzen. Der Brauch um den Weihnachtsbaum und wie man den Heiligen Abend beging, als auch das Auftreten der Sternsinger wird Ihnen vorgestellt.

Der Adventskalender

Adventskalender sind uns heute sehr vertraut. Kinder in vielen Teilen der Erde, auch in zunehmendem Maße Erwachsene verwenden sie, um damit die Zeit vom 1. bis 24. Dezember besonders wahrzunehmen.
Wie viele weihnachtliche Bräuche, hat auch der Adventskalender eine junge Geschichte. Die ersten Belege für selbstgebastelte Formen stammen – wie beim Adventskranz – aus evangelisch-pietistischen Kreisen. Dort dachten sich ab der Mitte des vorigen Jahrhunderts die Eltern für ihre Kinder ganz verschiedene Methoden aus, um ihnen die lange Zeit des Wartens auf den Heiligen Abend in kleinere Abschnitte einzuteilen, die sie oft auch inhaltlich auf das Weihnachtsfest ausrichteten. Erfindungsreiche Väter und Mütter stellten Adventsbäumchen auf, bei denen ihre Kinder jeden Tag eine kleine Papierfahne, die mit einer biblischen Verheißung beschrieben war, aufstecken durften. In anderen Familien wurde jeden Abend ein weiteres Bild mit einer religiösen Szene an die Wand gehängt und gemeinsam betrachtet. In ärmeren Gegenden zeichnete der Vater am Morgen des 1. Dezember vierundzwanzig Kreidestriche und einen Tannenbaum an eine Türe, wobei jeden Tag ein Strich weggewischt werden durfte, so daß am Heiligen Abend nur noch der Tannenbaum zu sehen war, der das Weihnachtsfest ankündigte.
Der erste gedruckte Adventskalender, der 1902 in der Evangelischen Buchhandlung in Hamburg erschien, ging auf eine selbstgebastelte Zählhilfe für die Tage im Dezember zurück: Die handgemalten Weihnachtsuhren, bei denen Tag für Tag ein Zeiger aus Metall weitergerückt wurde, gaben das Vorbild für gedruckte Uhren aus Papier mit einem runden Ziffernblatt und biblischen Versen ab.
Die Anfänge der seriellen Herstellung von Adventskalendern hat ein Mann entscheidend beeinflußt: Gerhard Lang (1881-1974). Als Sohn des Pfarrers im schwäbischen Maulbronn geboren, hatte er als kleiner Junge von seiner Mutter im Advent einen Karton mit 24 Gebäckstücken bekommen, von denen er täglich eines abnehmen und aufessen durfte. Als junger Verleger in München erinnerte er sich an diese Idee und brachte 1908 seinen ersten Adventskalender heraus. Diese Ausgabe, die den verheißungsvollen Titel »Im Lande des Christkinds« trug, hatte noch keine Türchen zum Öffnen, sondern bestand aus einem bedruckten Karton mit 24 nummerierten Feldern und einem kleineren Blatt, das die entsprechende Anzahl von Bildchen zum Ausschneiden enthielt. Jeden Tag konnten die Kinder eines der Motive mit Engeln, Knecht Ruprecht, Spielzeug und dem Christkind ausschneiden und es auf die dafür bestimmte Stelle des Kartons kleben. Während des dreißigjährigen Bestehens seines Verlages entwickelte Gerhard Lang eine Vielzahl verschiedener Adventskalender: mit Figuren zum Ziehen, Häuser und Kapellen zum Aufstellen, Ausgaben mit Schokoladefüllung, aber auch Exemplare mit Papierfenstern zum Öffnen. Gegen Ende der dreißiger Jahre wurde Gerhard Lang durch aufkommenden Wettbewerb mit einfallslosen und dadurch billigen Produkten gezwungen, seine Arbeit einzustellen.
Durch den Zweiten Weltkrieg wurde der Ausbreitung des Adventskalenders in Deutschland und den angrenzenden Ländern ein vorläufiges Ende gesetzt. Schon in den fünfziger Jahren nahmen aber viele Verlage diesen Artikel wieder in ihr Programm; zum Teil beliefern sie bis heute den inländischen Markt und in den letzten Jahren vermehrt das Ausland.
Die Motive der Adventskalender lassen sich in weltliche und religiöse unterscheiden, wobei die sakralen Themen nur einen kleinen Teil des Angebotes ausmachen. Für die Mehrzahl der Illustrationen ist charakteristisch, daß ihnen jeglicher Bezug zur

Gegenwart fehlt. Die Zeichnungen enthalten keine Autos, Flugzeuge oder Hochhäuser, sondern bilden nostalgische Szenen ab, die sich mühelos über Jahrzehnte hinweg immer wieder nachdrucken lassen. In den siebziger Jahren erschienen einige Adventskalender mit Comicfiguren oder Raumschiffen auf den Deckblättern. Diese Motive wurden aber so schlecht verkauft, daß die Verlage wieder zu den gewohnten Themen zurückgekehrt sind: verschneite Fachwerkstädtchen, Weihnachtsmärkte, Szenen mit Engeln und Wichteln, Weihnachtsmänner und Christbäume.
Bei der Technik der Adventskalender ist inzwischen aus Kostengründen eine erhebliche Vereinfachung eingetreten.
Während Gerhard Lang noch mit Ausschneide-, Klebe- Steck- und Ziehkalendern eine ganze Fülle verschiedener Formen anbieten konnte, bilden heute die Kalender mit Papiertürchen zum Öffnen den überwiegenden Teil des Angebotes. Doch auch hier kann man recht phantasievolle Exemplare entdecken.

Der Adventskranz

Lange vor dem Heiligen Abend beginnen wir, uns mit verschiedenen Bräuchen auf das Weihnachtsfest vorzubereiten. Viele Familien stellen am ersten Adventssonntag einen aus Tannenzweigen gewundenen Kranz auf, der mit vier Kerzen geschmückt ist. An jedem Sonntag im Advent zünden sie ein weiteres Licht an, so daß kurz vor Weihnachten alle Kerzen gleichzeitig brennen.

Auf den Adventskranz spielt einer der bekanntesten deutschen Weihnachtsverse an:

»Advent, Advent, ein Lichtlein brennt.
Erst eins, dann zwei, dann drei, dann vier,
dann steht das Christkind vor der Tür.«

Hinter diesen einfachen Zeilen, die sich jedem Kind schnell einprägen, verbirgt sich der ursprüngliche Sinn des Adventskranzes, der uns heute weitgehend verlorengegangen ist. Das Zunehmen des (Kerzen)-Lichtes sollte als Zeichen für die näherrückende Ankunft des Gottessohnes an Weihnachten verstanden werden.

Johann Hinrich Wichern, ein pietistischer Pfarrer, gilt als der Erfinder des Adventskranzes. Als Leiter des »Rauhen Hauses« in Hamburg, einer Erziehungsanstalt für Jungen, schmückte er um 1850 im Dezember einen großen Leuchter mit 24 Kerzen. Bei der täglichen Andacht, die er mit seinen Schülern feierte, zündete er vom 1. bis 24. Dezember jeden Tag eine weitere Kerze an. Die Kinder konnten abzählen, wieviele Tage es noch bis zum Weihnachtsfest waren; sie sahen aber vor allem, wie das Licht zunahm und daß es am Heiligen Abend, wenn das Jesuskind als »Licht der Welt« auf die Erde kommt, am hellsten erstrahlte.

Dieser Urahn des heutigen Adventskranzes veränderte im Laufe der Jahre seine Gestalt. Der Radleuchter wich einem aufhängbaren Tannenkranz, und die Zahl der Kerzen ging auf vier zurück. Vom pietistischen Umkreis des »Rauhen Hauses« breitete sich der Adventskranz innerhalb weniger Jahrzehnte zunächst in den Städten, dann aber auch in den ländlichen Gebieten aus; heute wird er selbst in katholischen Gegenden und sogar außerhalb Deutschlands aufgehängt.
Der Adventskranz ist in Familien, Kirchen, Schulen und Büroräumen zu finden.
In der einfachsten Form besteht er nur aus einem Kranz mit vier Kerzen; aufwendige Exemplare, wie sie die Blumenläden anbieten, sind z.B. aus verschiedenen Zapfen und Äpfeln zusammengesetzt oder mit bunten Schleifen und kleinen Geschenken dekoriert.

St. Nikolaus

Kaum ein anderer Heiliger ist bei Kindern so populär wie Sankt Nikolaus, der oftmals auch in Begleitung des Knecht Ruprechts auftritt. Für ihn stellen sie am Abend des 5. Dezembers Stiefel oder Teller auf, die am nächsten Morgen auf geheimnisvolle Weise mit Äpfeln, Nüssen und Süßigkeiten gefüllt sind; ihm begegnen sie als Bischof gekleidet mit langem Gewand, Bischofsmütze und Stab in der Schule, im Kindergarten und auf der Straße, wenn er aus einem großen Sack Geschenke verteilt. In vielen Familien kommt der Nikolaus sogar am 6. Dezember abends zu Besuch, dargestellt von Verwandten, Freunden oder dem Nikolaus-Service. Er läßt sich zu diesem Anlaß von den Kindern Gedichte aufsagen und Weihnachtslieder vorsingen und belohnt sie mit seinen Gaben. Manchmal liest er auch aus seinem großen Buch vor, wann die Jungen und Mädchen ungehorsam waren und ermahnt sie zur Besserung – eine Kindheitsszene, die sich vielen Erwachsenen bis heute im Gedächtnis eingeprägt hat.

Der heilige Nikolaus ist eine historische Person, die in Myra, einer Stadt an der Südwestküste der heutigen Türkei lebte, dort Bischof wurde und im Jahre 350 starb. Über sein Leben gibt es viele Legenden. Einige davon weisen ihn als Kinderfreund und Gabenbringer aus. Es wird erzählt, daß er die Töchter eines verarmten Edelmannes dadurch vor dem falschen Weg bewahrte, indem er jeder einen Beutel Goldstücke in der Nacht durch das Fenster warf, so daß sie standesgemäß heiraten konnten.

Diese und andere ähnliche Erzählungen haben St. Nikolaus zum Schutzpatron der Kinder und Schüler werden lassen. Inwiefern sein heimliches Auftreten und nächtliches Geschenkeverteilen bei den drei Schwestern Vorbild dafür war, daß die Kinder zum Teil auch heute nachts beschenkt werden, bleibt ungeklärt. Das

historische und gegenwärtige Nikolausbrauchtum kann in seiner ganzen Fülle nur zum Teil mit dem Leben des Heiligen und den Erzählungen darüber in Einklang gebracht werden: Die Bräuche tragen christliche Züge und mischen sich von ihrem Beginn im 11. Jahrhundert an mit nichtchristlichen Überlieferungen. Inzwischen hat der Nikolaus sogar amerikanische Züge angenommen, wenn er – ähnlich dem Santa Claus – mit langem weißem Bart und rot-weißem Mantel Anfang Dezember in den Kaufhäusern auftritt.

Der Weihnachtsbaum

Wenn im Dezember die großen Nadelbäume auf öffentlichen Plätzen aufgerichtet werden, und der Christbaumverkauf beginnt, taucht immer wieder die Frage nach dem Alter des Weihnachtsbaumes auf.
Oft ist von dessen »heidnisch-germanischen Ursprüngen« die Rede, oder der immergrüne Baum wird als Dämonenabwehr angeführt. So schlüssig diese Deutungen klingen mögen und so verbreitet sie auch sind, es handelt sich nur um Vermutungen, die sich aber nicht beweisen lassen.
Die frühesten Belege für geschmückte Weihnachtsbäume im Inneren von Häusern stammen aus dem 16. und 17. Jahrhundert und beziehen sich vor allem auf den oberdeutschen Raum. Die städtischen Handwerker feierten hier in ihren Zunftstuben neben vielen anderen Festen auch Weihnachten und schmückten zu diesem Anlaß einen kleinen immergrünen Baum. Von diesem Brauch berichtet ein unbekannter Autor in seiner Beschreibung einer Reise durch das Elsaß, die 1604/05 entstand: »Auff Weihenachten richtett man Dannenbäum zu Strasburg in den Stuben auf, daran hencket man roßen aus vielfarbigem Papier geschnitten, Äpfel, Oblaten, Zischgolt, Zucker etc.«

Aus dem 17. Jahrhundert sind auch die ersten Nachrichten für Weihnachtsbäume in den Stuben wohlhabender Familien in den Städten erhalten. Mit dem Ende des 18. Jahrhunderts tauchen vermehrt Hinweise auf Christbäume bei Hof und Adel auf, die inzwischen – neben dem bunten oft eßbaren Behang – auch schon mit Kerzen geschmückt sind. Zu einer größeren Verbreitung dieses Brauches kam es jedoch erst in den folgenden zwei Jahrhunderten. Während die Einführung des Weihnachtsbaumes in den protestantischen Gebieten schneller vor sich ging, dauerte es in den katholischen Teilen des Landes länger, weil dort in vielen Familien bereits die Krippen den Mittelpunkt des weihnachtlichen Brauchtums bildeten. Erst im späten 19. und besonders im 20. Jahrhundert hat sich der Weihnachtsbaum dann auch im ländlichen Raum durchsetzen können. Dabei sind eine Fülle regionaler Besonderheiten, die parallel zum Weihnachtsbaum bestanden, langsam in den Hintergrund getreten: Weihnachtsgestelle mit Paradiesbaum und Adam und Eva, wie sie in Norddeutschland aufgestellt wurden, oder Weihnachtspyramiden aus Mittel- und Ostdeutschland, die aus einem Holzgestell bestehen, das mit grünen Zweigen und Schmuck dekoriert und dann aufgehängt wird.
Heute ist der geschmückte Nadelbaum das Zentrum des häuslichen Weihnachtsfestes. Das gilt für die deutschsprachigen Länder und sogar für viele Teile der Erde.
Das Aussehen des Weihnachtsbaumes hat sich im Lauf der Jahrhunderte verändert. Die frühen Bäume wurden mit Äpfel, Nüssen und Gebäck geschmückt; ihr Behang konnte selber hergestellt werden. Im 19. Jahrhundert entwickelte sich mit der allmählichen Ausbreitung des Brauches, zu Weihnachten geschmückte Bäume aufzustellen, ein ganzer Wirtschaftszweig, der bis heute vom industriell oder in Heimarbeit gefertigten Christbaumschmuck lebt. Rechtzeitig zum Weihnachtsfest bieten einschlägige Geschäfte und besonders die Stände der Weihnachtsmärkte – deren berühmtester in Nürnberg ist – dieses Sortiment an: gläserne Kugeln und Figuren (oft aus dem Thüringerwald), Holzspielzeug (vor allem aus dem Erzgebirge), Rauschgoldengel (nach Nürnberger Tradition) und vielen anderen Baumbehang aus Wachs, Papier und Stoff. Hier werden auch Lametta und Kerzen – von solchen aus Bienenwachs bis hin zur elektrischen Beleuchtung – verkauft, und mitunter gibt es sogar schon künstliche Weihnachtsbäume.

Der Heilige Abend

Auf den Nikolaustag, die vier Adventssonntage und die zahlreichen Weihnachtsfeiern in Firmen, Schulen und Seniorenheimen folgt als Höhepunkt der 24. Dezember.
Dieser Tag ist hierzulande fast ausschließlich den Familien vorbehalten. Im Laufe der Jahre haben sich von den Großeltern über deren Kinder und Enkel gerade zu diesem Anlaß ganz bestimmte Gewohnheiten herausgebildet: Sie betreffen die Plätzchenrezepte und Speisenfolge genauso wie die Auswahl der Lieder oder einzelne Schmuckstücke für den Weihnachtsbaum.
Wenn es auch familiäre Besonderheiten für die Gestaltung und den Ablauf des Heiligen Abends gibt, so stimmen doch viele Handlungen mit dem überein, was in anderen Familien zum gleichen Zeitpunkt abläuft.
Dem 24. Dezember sind eine Reihe von Vorbereitungen vorausgegangen: Die Kinder haben Wunschbriefe verfaßt, beim Plätzchenbacken geholfen und Geschenke gebastelt; ihre Eltern waren mit Einkäufen, dem Verschicken der Weihnachtswünsche und dem Besorgen des Weihnachtsbaumes beschäftigt.
Im Verlauf des Tages wird der Baum geschmückt, wobei die Kinder heute sehr oft miteinbezogen werden. Am Nachmittag besuchen viele Familien zusammen einen Gottesdienst. Es ist auffallend, daß die Kirchen an Weihnachten so voll wie sonst nie sind; selbst für viele Nichtgläubige scheint der Kirchgang zu einem festen Bestandteil des Festes zu gehören.
Am frühen Abend trifft sich die Familie um den Weihnachtsbaum. Oft werden noch Lieder gesungen oder Geschichten vorgelesen, aber weil sich die Ungeduld der Kinder nicht lange zügeln läßt, beginnt bald darauf das Verteilen der Geschenke. Auf deren Auspacken und Anschauen folgt das gemeinsame Essen. Es kann aus kalten Gerichten bestehen oder mehrgängigen Menüs mit Gans oder Karpfen als Hauptgang.
In der Nacht des 24. Dezembers finden in katholischen, aber auch evangelischen Kirchen noch die sogenannten Christmetten statt, die oft mit konzertanten Einlagen angereichert sind und nicht selten einer besonderen Liturgie folgen.
Unser heutiges Weihnachten ist gekennzeichnet durch das Fest im Familienkreis mit vielen Geschenken und üppigem Essen. Diese Entwicklung gibt es noch nicht sehr lange. Mitte des 19. Jahrhunderts bekamen nur die Kinder des städtischen Bürgertums Spielzeug unter ihre Weihnachtsbäume gelegt. In den ländlichen Gebieten gab es am 24. Dezember höchstens nützliche Geschenke, zum Beispiel Kleider oder Schuhe. Der Tag wird hier vor allem mit dem Besuch eines langen Gottesdienstes verbunden und durch reichhaltigeres Essen bestimmt.
Während das Feiern von Weihnachten heute ganz im Privaten stattfindet, hatte das Fest – wie auch schon die vorangegangene Adventszeit – bis ins 19. Jahrhundert hinein einen mehr öffentlichen Charakter. Dazu trugen im katholischen Bereich die täglichen Besuche der morgendlichen Roratemessen bei, aber auch die vielen verschiedenen Umzüge mit Gesang und Rollenspiel, wie sie von Kindern auf den Straßen veranstaltet wurden, um Naturalien oder Geld zu erhalten.
Auch in anderer Hinsicht hat sich Weihnachten verändert. Bei den Feiern des Bürgertums im 19. Jahrhundert gelten der Weihnachtsmann oder das Christkind als Gabenbringer; an sie waren die Wunschbriefe der Kinder adressiert, ihnen hatten sie neben den Geschenken auch den geschmückten Baum zu verdanken. Während des Jahres wurden Weihnachtsmann und Christkind von den Eltern als höchste Instanzen angeführt, um das Wohlverhalten der Jungen und Mädchen zu erreichen: »Warte nur, das sage ich dem Christ-

Ehre sey Gott in der Höhe

kind« oder »Wenn du nicht brav bist, bringt Dir der Weihnachtsmann nichts«. Diese erzieherischen Maßnahmen sind heute kaum mehr anzutreffen. Sie hätten auch wenig Glaubwürdigkeit, denn inzwischen gehören weder das Christkind und schon gar nicht der Weihnachtsmann zu unsichtbaren Figuren mit geheimnisvoller Ausstrahlung.

Das Dreikönigsfest

Der 6. Januar markiert das Ende der langen festlichen Periode der Weihnachtszeit und ist ihr letzter offizieller Feiertag. Innerhalb der Kirche wird dieser Termin als Fest der Erscheinung (Epiphanias) seit der Mitte des 4. Jahrhunderts im Andenken an die Huldigung der Könige gefeiert, mit welcher das Heraustreten des Jesusknaben aus der Verborgenheit des Dorfes Bethlehem verbunden war.
In Erinnerung an die Weisen aus dem Morgenland ziehen um Hlg. Dreikönig die sogenannten Sternsinger durch Städte und Orte. Die Gruppen bestehen aus mehreren Teilnehmern, die als Könige verkleidet sind; einer von ihnen trägt einen großen Stern. Dieser Brauch war in allen Gegenden Deutschlands üblich, hat sich aber nur in Bayern ohne größere Unterbrechungen seit 1550 gehalten.
Heute haben organisierte Jugendgruppen, allen voran die Ministranten, das Sternsingen übernommen. Während in früheren Jahren nur Jungen daran teilnehmen durften, verbergen sich heute auch Mädchen unter den phantasievollen Königsgewändern. Die Kinder sind in Dörfern und sogar in Großstädten unterwegs, singen ihre Lieder und sagen Verse auf. Die Gaben dafür – Geld und Süßigkeiten – werden heute als willkommene Aufbesserung des Taschengeldes angesehen. Im 16. und 17. Jahrhundert verdienten sich die Schüler noch mit Heischegängen, dem Sternsingen und den Dreikönigsspielen ihren Lebensunterhalt.
In vielen Fällen schreibt einer der Größeren mit Kreide die Signatur C + M + B und die jeweilige Jahreszahl auf den Türstock. Die Buchstaben werden als Abkürzung der Namen Caspar, Melchior und Balthasar gedeutet. Sie haben aber noch einen tieferen Sinn und stehen für »Christe – mansionem benedica« (Christus segne dieses Haus).
Das Sternsingen kann als Nachspielen des mühevollen Ganges der Könige nach Bethlehem verstanden werden. Doch hat sich bei den Umzügen der Kinder der Sinn verkehrt: Waren die Könige einst die Gabenbringer, so bitten sie jetzt um Geschenke; waren die einst die Reichen, so tragen sie nun den Bettelsack.

Die heilgen 3 König mit ihrem Stern,
Sie essen, sie trinken, u bezahlen nicht gern.

Adventskalender zum Selbermachen

Advent ist die Zeit des Wartens auf das große Fest, die Zeit der Vorbereitung und die Einstimmung auf den Heiligen Abend, auf den sich die Kinderaugen und -herzen doch so sehr freuen, daß sie es kaum erwarten können.
Es gibt viele Dinge, die man ausschließlich in dieser Zeit erlebt oder unternimmt. Dazu gehört auch das Kaufen eines Adventskalenders.
Viel besser aber, auch unter Einbeziehung der Kinder ist es, einen solchen Kalender selbst herzustellen.
In diesem Kapitel gibt es Anregungen und Tips zum Herstellen eines Adventskalenders. Mit ein wenig Geschick und der notwendigen Ausdauer sind die vorgestellten Modelle keine Zauberwerke. Viel Spaß und gutes Gelingen.

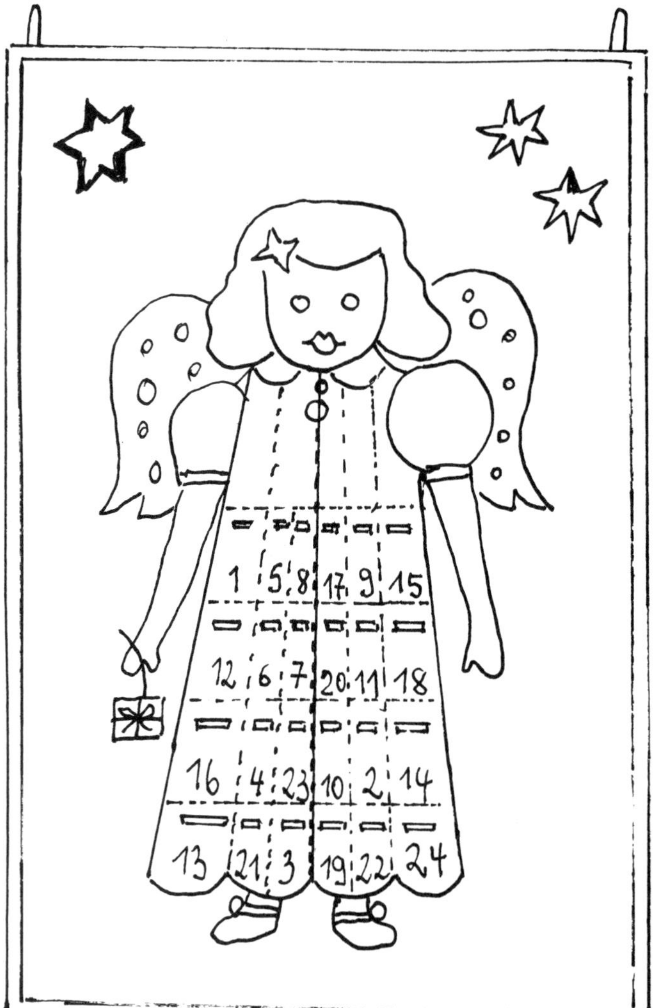

Ein Engel für die Adventszeit

Jede der 24 kleinen Taschen enthält eine Überraschung für die Familie.

Größe: 90 cm x 60 cm
Material: 60 cm grüner Filz in 180 cm Breite; Filzreste für die Applikationen in Pink, Violett, Beige, Braun, Gelb, Weiß; helles und dunkles Türkis, 50 cm hellbrauner Filz 60 cm Breite; 320 cm grünes Nahtband in 2-3 cm Breite; Nähseide, 1 Ponal, 1 kleine spitze Schere

Schnitt für Adventskalender:
Maßstab 1:7

Grünen Filz der Breite nach doppelt legen. Das gibt dem Kalender eine gewisse Stabilität. Etwas billiger kommt Haftvlies, das auf die Rückseite gebügelt wird.
Mit dem 2-3 cm breiten Nahtband wird der Filz eingesäumt. Das Engelkleid aus hellblauem Filz zuschneiden und senkrecht, ausgehend vom Bogenrand des Kleides, nach oben stoppen. Im Abstand von 9 cm waagrecht nähen, so daß 24 Einzeltaschen entstehen, die mit Hilfe einer kleinen Schere eingeschnitten werden. (Vorsicht: nur den hellblauen Filz jeweils unter der Stepplinie ein- bzw. ausschneiden.)
Einzelteile des Engels zuschneiden und mit Steppnähten versehen. Gesicht, Nase, Mund, Arme, Flügel, Sterne, sowie sonstige Verzierungen werden sparsam mit Ponal angeklebt.
Die 24 Zahlen mit Bleistift auf türkisem Filz vorzeichnen und ausschneiden. Mit ein paar Tropfen Ponal gut verteilt auf die Taschen aufkleben.
Am Schluß werden aus dem restlichen Nahtband 2 Aufhänger genäht und rechts und links am grünen Filz befestigt.
Anschließend mit kleinen Geschenken füllen.
Abbildung auf den vorhergehenden Seiten.

Kalender für Papi

Hier haben wir einmal einen ganz besonderen Weihnachtskalender. Für den Vater!

Wir nehmen einen Kasten Bier.
Jede Flasche wird extra geschmückt. Kleine Figuren, silberne und goldene Sterne, so allerlei Weihnachtsschmuck kann dazu verwendet werden.
Ein recht witziger Adventskalender.
Abbildungen nächste Seite oben links.

Kalender mit Zwerg

Größe: 75 x 25 cm.
Material: 30 cm kräftiger Baumwollstoff, ein Rest für das Futter, Baumwollstoff und aufbügelbare Vlieseline für die Applikation, 26 rote Plastikringe.

Den Behang in der gewünschten Größe mit zusätzlicher Nahtzugabe zuschneiden. Vlieseline auf die Rückseite der Baumwollstoffreste bügeln, den großen Zwerg nach der Schemazeichnung schneiden. Das Motiv großzügig auf den Stoff heften, die kleinen Teile mit dicht eingestellten Zickzackstichen mit der Nähmaschine applizieren. Vorsichtig mit einem feuchten Tuch bedeckt bügeln. Futterstoff auf der Rückseite annähen, durch eine kleine Öffnung wenden, mit Handstichen annähen. 24 rote Ringe ringsherum ansetzen (siehe Foto). Den Behang mit 2 kleinen Ringen aufhängen.
Maßstab: 1 : 2,5

Adventskalender

Dieser robuste Adventskalender kann Jahr für Jahr verwendet werden, ohne daß er »heruntergekommen« aussieht. Er wird aus einer Holzleiste gearbeitet, auf die ein Stück Stoff geklebt wird, den man mit Weihnachtsmotiven verziert hat. Auf der Leiste unten befinden sich Herzen aus rotem Karton, die man mit kleinen Nägelchen befestigt und gleichzeitig die Päckchen daran aufhängt.
Die Zahlen werden abwechselnd auf der linken und rechten Seite angeordnet.

Kalendergirlande

Material:
1 rote Feinstrickstrumpfhose (ohne Fuß), Tesafilm Nr. 4158 (Chrom), div. Zierschleifen und Bänder, gold und purpur glänzendes Glimmerspray, selbstklebende Zahlen (0,8 cm groß).
Ein Strumpfbein abschneiden und das eine Ende mit Tesafilm abbinden. Strumpf mit 24 kleinen Geschenken füllen. Hinter jedem Geschenk den Strumpf erneut mit Tesa abbinden. Die so entstandenen Zwischenräume der Geschenke mit verschiedenen Zierschleifen dekorieren. Die Kalenderzahlen außen auf die Päckchen kleben und die fertige Girlande mit Glimmerspray verzieren.

Nikolaus-Adventskalender

Der fertige Nikolaus ist 54 cm groß. Dafür die Schemazeichnung so vergrößern: Auf einem 40 x 60 cm großen Packpapierbogen 4 x 4 cm große Quadrate als Hilfslinien zeichnen. Nun den Nikolaus entsprechend unserer Vorlage Strich für Strich durch Abzählen der Kästchen in der Schemazeichnung auf Ihr großes Quadratraster übertragen. Als Material können Sie 3 mm starkes Sperrholz nehmen (mit der Laubsäge aussägen) oder, einfacher zu bearbeiten, 1 mm dicken, weißen Karton (mit einem Schneidemesser ausschneiden). Die Vorlage auf das Holz/den Karton kopieren, die Umrisse aussägen/ausschneiden, Sägekanten abschleifen. An allen markierten Stellen Löcher hineinbohren, je zwei untereinander. Holz zuerst grundieren, Karton kann sofort bemalt werden. Anschließend mit Klarlack übersprühen. Jede Päckchenaufhängung besteht aus einer großen und einer kleinen gelochten Perle. Einen Faden durch die kleine Perle ziehen, beide Fadenenden durch das Loch der großen führen, dann je ein Ende durch je ein Bohrloch und auf der Rückseite verknoten. Durch die Bohrlöcher an der Spitze das Schleifenband zum Aufhängen ziehen.

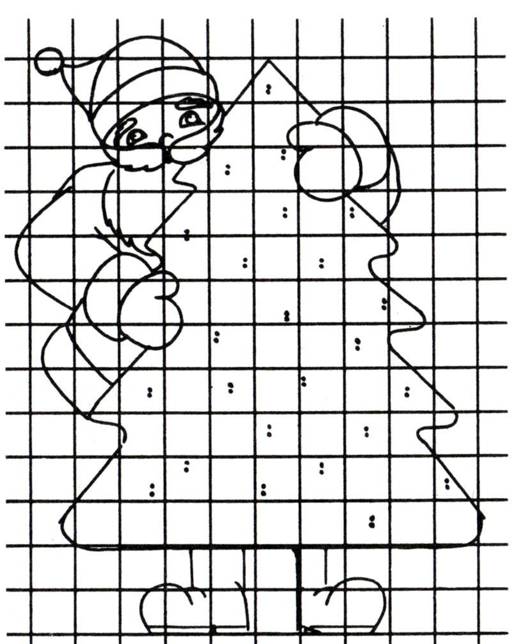

Filzsocken mit kleinen Überraschungen

Diesen lustigen Adventskalender, aus lauter kleinen Filzsocken bestehend, können Sie selbst herstellen. Zuerst zeichnen Sie auf Papier einen Socken, schneiden ihn aus und können nun mittels dieser Schablone leicht die Sockenform nachschneiden. Als Material dafür ist dünner Filz bestens geeignet.

Wenn die 48 Filzsockenhälften ausgeschnitten sind, werden sie auf der Nähmaschine mit Zierstichen einfach zusammengesteppt. Sie können dabei sämtliche Ziernähte Ihrer Maschine benützen. Die hübschen Motive auf den einzelnen Stiefelchen werden ebenfalls aus Filzresten zurechtgeschnitten und einfach aufgeklebt.
Der Kalender muß noch Zahlen bekommen. Auch diese können Sie einfach aufkleben. Zum Schluß kommt das Wichtigste: Die Söckchen werden mit lauter kleinen Geschenken und Süßigkeiten gefüllt. Lustige kleine Wäscheklammern halten die Stiefelchen an einem goldenen Geschenkband. Das Band wiederum können Sie am Fensterrahmen befestigen oder auch am Bett-Fußende.
Darüber freuen sich große, kleine, junge und nicht ganz so junge Leute!

Adventshaus zum Aufessen

Zutaten:
250 g Honig, 100 g Zucker
100 g Butter oder Margarine
2 Eier, 1 Beutel Lebkuchengewürz Neunerlei (15 g),
3 Tropfen Bittermandelöl
je 1 Tl Hirschhornsalz und Pottasche
500 g Mehl, Fett oder Backpapier für das Backblech.
300 g Puderzucker
3 El Zitronensaft oder Wasser
Kalifornische Rosinen
1 Müsli-Riegel für den Schornstein
100 g Rohmarzipan
50 g Puderzucker, 1 Eiweiß
viele verschiedene und möglichst bunte kleine Süßigkeiten wie Weingummi, Gummibärchen, Schokoladenplätzchen, Schokoladenriegel und -blätter, Smarties, Zuckerblümchen, Geleefrüchte, Lakritzen, bunte Zuckerschrift.

Honig, Zucker und Butter (oder Margarine) unter Rühren erhitzen, abkühlen lassen. Eier und Lebkuchengewürze schaumig schlagen, Bittermandelöl hinzufügen und mit der Honigmasse verrühren. Hirschhornsalz und Pottasche in etwas Wasser auflösen, dazugeben. Mehl unterkneten, bis der Teig geschmeidig ist, zudecken und 12 Stunden ruhen lassen. Backblech (39,5 x 43 cm, am besten mit Antihaftbeschichtung) einfetten oder mit Backpapier auslegen. Den gesamten Teig gleichmäßig auf dem Blech ausrollen, bis in die Ecken hinein. Im vorgeheizten Backofen bei 180 Grad ca. 20 Minuten backen. Backpapier auf einem Brett oder dem Tisch auslegen, die Lebkuchenplatte daraufgleiten lassen. Nach der Zeichnung das Hausdach »beschneiden« und die Einteilung für Fenster und Türen vornehmen, dabei die Konturen mit einem kleinen Messer einritzen. Puderzucker mit Zitronensaft verrühren und das Dach damit bestreichen.

Den Müsli-Riegel als Schornstein an die richtige Stelle »kleben« und das Dach mit Rosinen »decken«. In eine kleine Plastiktüte Zuckerguß einfüllen, ein winziges Loch in eine Ecke schneiden und wie mit einem Spritzbeutel Fenster, Türen und Balkon einzeichnen. Rohmarzipan mit Puderzukker verkneten, den Balkon daraus zuschneiden und mit Zuckerguß ansetzen. Mit Zuckerblümchen und Rosinen »bekleben«. Schneemann und Katze aus Marzipan modellieren, die Teilchen mit etwas Eiweiß aneinandersetzen und neben die »Haustür« kleben. Mit Zuckerschrift Augen, Nase, Mund, Knöpfe und Schnurrbarthaare aufmalen. Marzipanmasse ausrollen, einen Weihnachtsstern mit oder ohne Schweif ausstechen, mit Zuckerguß auf das Dach »kleben«, die Zacken mit gelber Zuckerschrift nachspritzen. Dann die Süßigkeiten auf Fenstern, Türen, Schornstein und Hauswand mit Zuckerguß befestigen und mit Rosinen und Zuckerschrift verzieren. Die Hauswände zunächst mit Zuckerguß bespritzen, dann mit Rosinen besetzen.

Ein »märchenhaftes« Schloß zum Anknabbern

Ein Geschenk für die Adventszeit!
Warten auf Heiligabend? Mit diesem selbstgebastelten Märchenschloß wird es versüßt. Wie schön ein selbstgebackener Adventskalender als Märchenschloß aussehen kann, zeigt unser Foto. Man könnte glauben, der Märchenprinz schreitet mit seiner Prinzessin jeden Moment durch das Tor.
Alles ist aus einem Lebkuchenteig hergestellt. Ein Märchenschloß aus 24 verzierten Teilen für die 24 Adventstage. Ein bißchen Mühe macht das Backen und Verzieren schon. Aber mit etwas Geduld läßt es sich ganz einfach nacharbeiten. Groß und Klein werden große Freude an dem märchenhaften Kunstwerk zum Aufessen haben!

Zutaten für den Teig:
250 g Honig, 125 g Zucker
100 g Sanella
1/2 P. Pfefferkuchengewürz, 1 Prise Salz
1 verschlagenes Ei
300 g Mehl, 200 g geschälte Mandeln
fein gemahlen, 1/2 P. Backpulver

für den Zuckerguß:
2 Eiweiß, 150-200 g Puderzucker
Speisefarben

zum Dekorieren:
Zuckerblumen und Zuckerperlen
Smarties, Schokoriegel, Lakritzstäbchen
Silberstaub usw.

Honig, Zucker und Sanella in einen Topf geben und so lange erhitzen, bis sich der Zucker gelöst hat. Dann die Masse vom Herd nehmen und abkühlen lassen. Gewürze hinzufügen und das Ei unterrühren. Das mit Mandeln und Backpulver vermischte Mehl unter die Masse ziehen und anschließend kneten. Den Teig einen Tag im Kühlschrank ruhen lassen.

Den Teig auf einer bemehlten Fläche ca. 1/2 cm dick ausrollen und 18 Teile mit den Maßen 6x6 cm, 1 Teil 12x12 cm als auch 2 Türme, 2 Bäumchen und 1 König ausschneiden (ergibt insgesamt 24 Teile). Aus den Teigresten können dann Herzchen, Sternchen, ein Tor etc. zugeschnitten wer-

den. Die Formen auf ein mit Backpapier ausgelegtes Backblech legen und im vorgeheizten Ofen bei E: 200 Grad bzw. G: Stufe 3 10-15 Minuten backen lassen. Anschließend die Teilchen sofort auf ein Rost geben und gut abkühlen lassen. Zum Garnieren dann etwas Zuckerguß in einen Tiefkühlbeutel geben, eine 1 mm große Spitze abschneiden und jedes Teil – nachdem es gut abgekühlt ist – mit dem Zuckerguß verzieren. Glitzernde oder bunte Perlen in den frischen Guß einsetzen.

Reis.
Zucker.

Essen und Trinken, Backen

Was die vielen kleinen und großen Geschenke für die Kleinen sind, ist das gepflegte Essen und die entsprechenden Getränke für die Großen.
Aber auch die Gaumenfreuden für unsere Jüngsten werden in diesem Kapitel nicht übersehen.
Tips und Anregungen für Fest-Menüs und kleine Leckereien zur Weihnachtszeit, eine Weihnachtsbäckerei für Groß und Klein, sowie eine Auswahl von passenden Getränken werden Ihnen für die Advents- und Weihnachtszeit eine willkommene Hilfe sein.

Adventsfrühstück

Advent, Advent, ein Lichtlein brennnt, ...bald ist es wieder soweit, und die schöne Vorweihnachtszeit beginnt. Die ersten Schneeflocken fallen, und der Nikolaus macht sich auf den Weg. Genießen Sie die besinnliche Stimmung bei einem besonderen Frühstück im Kreise Ihrer Familie und netter Freunde. Verwöhnen Sie Ihre Gäste und stimmen Sie sich ein auf die festlichsten Stunden des Jahres.

Kaviar-Brötchen

(für 4 Personen)

50 g Forellen/Keta-Kaviar
50 g Rama, 1 Eigelb
4 Mohnbrötchen
Zitronenmelisse und
Zitronenscheiben zum Garnieren

Rama mit dem zerdrückten Eigelb vermengen, den Kaviar vorsichtig mit einer Gabel unterheben.
Die Brötchen halbieren und jede Hälfte mit Kaviar-Rama bestreichen.
Mit Zitronenmelisse und Zitronenscheiben garnieren.
Zubereitungszeit: ca. 15 Minuten

Mozzarella-Tomaten-Brot

(für 1 Person)

1 Scheibe Vollkornbrot
10 g Rama, 50 g Mozzarella
2 kleine Tomaten (100 g)
Salz, Pfeffer
einige Blätter frisches Basilikum

Die Scheibe Brot mit Rama bestreichen.
Den Mozzarella und die Tomaten in Scheiben schneiden und abwechselnd, leicht geschichtet auf das Brot legen. Mit Salz und Pfeffer würzen. Die Basilikumblätter waschen und nach Geschmack auf dem Brot verteilen.
Zubereitungszeit: ca. 10 Minuten

Deftiges Nikolausbrot
(für 1 Person)

1 Zwiebelbrötchen, 10 g Rama
2 dünne Scheiben Kasseler
30 g Champagner-Kraut (Dose)
1 Tl gem. Haselnüsse

Das Zwiebelbrötchen teilen und beide Hälften mit Rama bestreichen. Das Unterteil mit den Kasselerscheiben belegen. Das Champagner-Kraut abtropfen lassen, mit den gemahlenen Haselnüssen mischen und auf dem Kasseler verteilen. Die andere Brötchenhälfte darüberdecken.
Zubereitungszeit: ca. 10 Minuten.

Advents-Schnitte
(für 1 Person)

1 Scheibe Früchtebrot
10 g Rama, 1 El Honig
2 Apfelspalten
1 El Haselnüsse, grob gehackt

Das Früchtebrot mit Rama und dem Honig bestreichen. Die Apfelspalten in die Mitte legen, die Haselnüsse auf dem Brot verteilen.
Zubereitungszeit: ca. 10 Minuten

Pflaumenmus-Heißwecke
(für 1 Person)

Die Heißwecke halbieren und beide Hälften mit Rama und Pflaumenmus bestreichen. Leicht mit Zimt bestreuen und mit den Walnußhälften garnieren.
Zubereitungszeit: ca. 10 Minuten

Zutaten für Pflaumenmus-Heißwecke

1 Heißwecke
10 g Rama
2 El Pflaumenmus
Zimt zum Bestreuen
4 Walnußhälften

Menü zum Heiligen Abend

(für 4 Personen)

Die Vorbereitung dieses schönen Familienabends ist für viele Beteiligten mit großem Zeitaufwand verbunden. Dazu kommt die Spannung der Kinder, die der Bescherung entgegen fiebern. Da bleibt nicht mehr viel Zeit für eine Menüvorbereitung übrig. Der nachfolgende Vorschlag beansprucht wenig Vorbereitung und ist schnell hergerichtet. Außerdem ist das Mahl leicht bekömmlich.

Brätklößchen in Bouillon

250 g Brät (rohe feine Bratwurstmasse)
4 El heiße Milch, 1 großes Ei
Muskat, 1 Tl gehackte Petersilie
4 gestr. El Semmelbrösel (20 g)
1 l heiße Bouillon

Das Brät mit der heißen Milch glattrühren. Ei, Muskat und Petersilie und Semmelbrösel unterrühren und mit einem nassen Teelöffel Klößchen abstechen.
Salzwasser zum Kochen bringen und die Klößchen darin ca. 5-8 Minuten garziehen. (Nicht kochen!)
Die fertigen Klößchen mit dem Schaumlöffel aus dem Salzwasser heben und in die heiße Bouillon geben.

Lachsforelle mit Zitronen-Kräuterbutter

250 g weiche Butter, 1 gestr. Tl Salz
1 Msp. gemahl. weißer Pfeffer
1 El gemischte gehackte Kräuter
abgeriebene Schale von 1 unbehandelten Zitrone, einige Spritzer Zitronensaft

2 küchenfertige, frische Lachsforellen
1 Tl Salz, Saft von 1 Zitrone
1 Bund Dill

Die Butter mit Salz und Pfeffer verrühren. Die Hälfte davon mit den Kräutern vermischen und die übrige Hälfte mit der Zitronenschale und dem Saft.
Jede Mischung 1/2 cm dick auf Alufolie streichen und im Kühlschrank festwerden lassen.
Mit einem gezackten Ausstecher Sternenformen ausstechen. Mit der restlichen Butter die gewaschenen und trockengetupften Lachsforellen innen ausstreichen. Die Fische dann mit Salz einreiben und mit Zitronensaft beträufeln. In je einen Fisch

einen Dillzweig legen. Die Bauchöffnungen mit Holzspießchen zustecken.
2 Stück Alufolie mit Butter bestreichen, die Fische darauflegen, einschlagen und die Enden gut zukneifen. Die Fischpakete in den auf 220 Grad vorgeheizten Backofen geben und ca. 15 - 20 Minuten garen.
Die Forellen nach der Garzeit aus der Folie wickeln und auf eine vorgewärmte Platte legen. Den in der Folie verbleibenden Fischsaft über die Fische gießen und mit Zitronen-Kräuterbutter, einigen Zitronenscheiben und Dillsträußchen garnieren.
Dazu reicht man Petersilienkartoffeln.
Ein trockener Weißwein rundet das ganze ab.

Ananas-Kiwi-Salat

1 kl. Dose Ananas (358 g), 4 Kiwi
4 El Zucker (60 g)
1 El gehackte Walnußkerne
4 cl Orangenlikör, 4 Cocktailkirschen

Die Ananasscheiben aus der Dose auf einem Sieb abtropfen lassen. 4 Scheiben beiseite legen, die restlichen in kleine Stückchen schneiden.
Die Kiwis dünn schälen und in Scheiben schneiden.
Das vorbereitete Obst in 4 Gläser verteilen. Den Zucker und die gehackten Nüsse darüberstreuen und den Likör darüber träufeln. Auf jedes Glas eine Ananasscheibe legen und mit einer Cocktailkirsche garnieren.

Festliches Schlemmer-Menü

(für 6 Personen)

Zu keiner Zeit reihen sich so viele Festtage aneinander wie in den letzten zwei Wochen des Jahres. Ob am heiligen Abend oder einem der beiden Weihnachtstage, ob zur Verabschiedung des alten oder zur Begrüßung des neuen Jahres – nie haben Sie so oft die Gelegenheit, im Kreise der Familie oder mit lieben Freunden stimmungsvoll zu tafeln.
Damit auch Sie als Hausfrau oder Hausmann in Ruhe mit den anderen genießen können, sollten die Gerichte nicht allzu aufwendig und gut vorzubereiten sein. Zumindest dürfen sie nicht erst in den letzten Minuten große Aufmerksamkeit verlangen. Köstlichkeiten, die fertig bereitet im Kühlschrank auf die Gäste warten, können natürlich gern etwas Mühe gekostet haben.
Ein festliches Menü mit drei Gängen zuzubereiten ist kein Problem. Wer es um einen Gang erweitern möchte, serviert zwischen Salat und Hauptgericht eine kräftige, klare Brühe. Ein feines Tässchen Kaffee hinterher rundet das Menü ab.
Den Auftakt bildet ein leichter Salat, der die Neugierde auf die folgenden Schlemmereien weckt. Der Pfiff dabei: zarte Thymian-Leber – nur kurz in Butterschmalz gebraten – mit fein aromatischem Geschmack.
Während Sie gemeinsam mit Ihren Gästen die Vorspeise genießen, brauchen Sie sich um das Hauptgericht nicht zu sorgen. Zuvor in Butterschmalz angebraten, garen die Hasenrücken im Ofen sanft vor sich hin. Kurz vor dem Servieren müssen Sie noch letzte Hand anlegen. Die sahnige Wacholdersauce ist im Nu fertig, der Rosenkohl steht bereit, und die hausgemachten Spätzle – die Sie bereits am Morgen gekocht haben – schwenken Sie nur rasch in heißem Butterschmalz.
Wie lange und ausgiebig Sie diese Köstlichkeiten auch genießen, auch das Dessert muß Ihnen kein Kopfzerbrechen bereiten. Bereits am Vortag in aller Ruhe zubereitet, wartet es fix und fertig in der Kälte auf seinen Auftritt. Zwischen zarten Törtchen versteckt sich feinste Trüffel-Creme, und als kühlender Kontrast gesellt sich cremiges Zimt-Eis.
Übriggebliebenes ist auch kalt noch ein köstlicher Genuß.

Blattsalate mit Thymian-Leber

300 g Gänseleber
weißer Pfeffer aus der Mühle
2 El frische Thymianblättchen
100 g Friséesalat, 1 Radicchio
1 Eichblattsalat, 6 El Zitronenessig
4 El Weißwein, 3 El Sonnenblumenöl
3 El Walnußöl, 1 Tl scharfer Senf
Salz, Pfeffer, 3 Schalotten
1 El Butterschmalz
100 g Kirschtomaten

Die Leber waschen, trockentupfen und in Scheiben schneiden. Rundherum mit Pfeffer und Thymianblättchen würzen, zugedeckt kaltstellen.
Die Salatblätter putzen, waschen, trockenschleudern und auf sechs Tellern anrichten.
Essig, Weißwein, Öl, Senf, Salz und Pfeffer verrühren. Die Schalotten abziehen und fein hacken. Das Butterschmalz in einer Pfanne erhitzen. Die Schalottenwürfel darin goldgelb anschwitzen. Die Leberstreifen dazugeben, rundherum etwa 4 Minuten braten. Leber herausnehmen, die Pfanne von der Platte ziehen. Die Salatmarinade in die Pfanne gießen, einmal schwenken, dann gleichmäßig über die Salatblätter träufeln.
Die Kirschtomaten waschen, halbieren. Mit der Leber zum Salat geben und mit Pfeffer übermahlen.

Tip: Diese feine Vorspeise schmeckt auch mit Kalbsleber sehr gut.
Kalorienbewußten empfehlen wir ein leichtes Yoghurtdressing.

Variation: Gänseleber in Butterschmalz anbraten, mit Salz, Pfeffer und frischgepreßtem Knoblauch würzen und in etwas Milch kurz garen, erkalten lassen. Schmeckt auch prima als Brotaufstrich.

Hase in Wacholderrahm mit hausgemachten Spätzle und Haselnußblättchen zu Rosenkohl

Für den Hasen in Wacholderrahm:
3 Hasenrücken (je etwa 600 g, ungespickt, gehäutet)
Salz, schwarzer Pfeffer aus der Mühle
1 1/2 El Wacholderbeeren
250 g Zwiebeln, 150 g Kartoffeln
2 Möhren, 1 Petersilienwurzel
1 El Butterschmalz
1/4 l Wildfond (aus dem Glas)
100 g Frühstücksspeck in dünnen Scheiben 250 g Schlagsahne

Für die Spätzle:
3 Eier, 250 g Mehl
Salz, weißer Pfeffer aus der Mühle
100 ml warmes Wasser
1 El Butterschmalz

Für den Haselnuß-Rosenkohl:
1 kg Rosenkohl
3 El Haselnußblättchen
1 El Butterschmalz
1 Tasse Wildfond (aus dem Glas)
Salz, Muskat

Die Hasenrücken mit Küchenkrepp abreiben. Mit Salz, Pfeffer und den zerdrückten Wacholderbeeren einreiben, einige Stunden zugedeckt in den Kühlschrank legen. Zwiebeln, Kartoffeln, Möhren und Petersilienwurzel schälen und würfeln. In einem großen Bräter das Butterschmalz erhitzen, die Hasenrücken darin rundherum kurz anbraten. Gemüse untermischen, kurz anbraten. Dann den Wildfond angießen. Hasenrücken mit Speckscheiben bedecken. Bei 225 Grad (Gas: Stufe 4) in den vorgeheizten Ofen stellen, 20-30 Minuten braten. Die Rücken anschießend in Alufolie wickeln, nachziehen lassen. Den Bratenfond mit dem Gemüse pürieren, Sahne

einrühren, durchkochen und würzig abschmecken. Hasenfleisch auslösen, mit der Sauce servieren.
Für die Spätzle: Eier, Mehl, Salz, Pfeffer und etwa 100 ml warmes Wasser zu einem glatten Teig verrühren. Zugedeckt 1/2 Stunde quellen lassen. Anschließend vom Brett oder mit einem Spätzlehobel portionsweise in kochendes Salzwasser geben, aufkochen lassen, mit einer Schaumkelle herausheben, mit kaltem Wasser kurz abbrausen, gut abtropfen lassen. Zum Servieren das Butterschmalz in einer großen Pfanne erhitzen, die Spätzle darin unter Wenden kurz braten.

Die Rosenkohlröschen putzen und waschen. In einem breiten Topf die Haselnußblättchen goldbraun rösten, herausnehmen. Butterschmalz im Topf zerlassen, den Rosenkohl darin unter Rühren anschwitzen, den Wildfond angießen. Mit Salz und Muskat würzen, zugedeckt etwa 20 Minuten garen. Abtropfen lassen, mit Haselnußblättchen bestreut servieren.

Trüffel-Törtchen mit Zimteis

Für das Zimteis:
2 Eigelb, 2 El flüssiger Honig
2 El Wasser, 1 Tl Zimtpulver
100 g Schlagsahne

Für die Trüffel-Törtchen:
2 Eier (getrennt), 1 Prise Salz
40 g Zucker, 2 El lauwarmes Wasser
60 g Mehl, 70 g zerlassenes Butterschmalz Fett für die Form
100 g Zartbitter-Kuvertüre
75 g Schlagsahne, 1 El löslicher Kaffee, evtl. 1 El Kaffeelikör

Zum Garnieren:
Puderzucker, 200 g tiefgefrorene Beeren

Für das Eis Eigelb, Honig, Wasser und Zimt im warmen Wasserbad dickschaumig aufschlagen. Die Schüssel auf Eiswürfel stellen, die Creme kalt schlagen. Anschließend die Sahne steif schlagen und unterheben. In eine Metallschüssel umfüllen, mindestens 5 Stunden im Tiefkühlfach gefrieren lassen.

Für das Törtchen Eigelb, Salz, Zucker und Wasser dickcremig rühren. Eiweiß steif schlagen, auf die Eigelbcreme setzen, das Mehl darüberstäuben. Alles vorsichtig vermischen, dabei 30 g zerlassenes Butterschmalz mit einrühren. In eine nur am Boden gefettete Springform (16-18 cm Durchmesser) füllen, im vorgeheizten Ofen bei 200 Grad (Gas: Stufe 3) etwa 12 Minuten backen. Auskühlen lassen, quer halbieren. Die Kuvertüre hacken, mit Sahne, Kaffee und evtl. Kaffeelikör in einem kleinen Topf schmelzen. Abkühlen lassen. Das restliche Butterschmalz cremig aufschlagen. Die Schokocreme ebenfalls kräftig aufschlagen, dann unter das Butterschmalz rühren. Die Creme zwischen die beiden Tortenböden streichen, mindestens 2 Stunden in den Kühlschrank stellen. In 12 schmale Tortenstücke schnei-

den, mit dem Eis anrichten. Mit Puderzukker bestäuben, aufgetaute Beeren dekorativ dazulegen.

Tip: Törtchen und Eis können Sie auch am Vortag zubereiten. Wer wenig Zeit hat, serviert zum Trüffel-Törtchen fertiges Vanilleeis. Zum Dekorieren eignen sich hervorragend Beeren, die noch im Sommer gepflückt und sofort tiefgefroren (schockgefroren) wurden. Je langsamer sie aufgetaut werden, um so eher behalten sie ihr natürliches Aussehen und den fruchtigen Geschmack.

Weihnachts»traum«torte mit Schokoladensternen

Alle Jahre wieder kommt mit der Weihnachts- auch die Backzeit. Köstliche Kuchendüfte durchziehen das Haus, es riecht nach Pfefferkuchengewürz, Zimt und Mandeln. Hier darf auch eine richtig festliche Weihnachts-Torte nicht fehlen.
Unsere »Traumtorte« ist trotz der gehaltvollen Zutaten ein leicht-lockerer Schokoladen-Schmelz, der auf der Zunge zergeht: Damit können Sie Ihre ganze Familie verführen. Auch für Anfänger ist dieses Prachtexemplar problemlos nachzubacken.

Zutaten für den Teig:
8 Eier, 500 g Zucker
500 g weiche Sanella
200 g dunkle Kuvertüre
125 g gemahlene Mandeln
1 P. Backpulver, 500 g Mehl
100 g Speisestärke
5 El Rum oder Orangensaft

für die Creme:
1/2 l Milch, 5 El feiner Instant-Kaffee
4 Eigelb, 60 g Speisestärke
150 g Sanella, 150 g Zucker

für die Garnierung:
200 g dunkle Kuvertüre
50 g Raspelschokolade
2 El Puderzucker

Die Eier trennen. Das Eiweiß steifschlagen, dann die Hälfte des Zuckers hinzugeben und weiterschlagen, bis die Masse »Spitzen« zieht. Das Eigelb, den restlichen Zucker, Sanella, die geschmolzene Kuvertüre und die gemahlenen Mandeln in eine große Rührschüssel geben. Mit dem Handrührgerät ca. zwei Minuten schlagen. Backpulver, Mehl und Speisestärke mischen, in die Schüssel sieben und unterrühren. Das geschlagene Eiweiß sorgfältig unterheben. Die Teigmenge auf zwei mit Sanella eingefettete Backformen (Durchmesser 20 cm und 24 cm) verteilen. Die kleine Form ca. 55 Min., die große Form ca. 65 Min. im vorgeheizten Ofen bei E: 175 Grad, G: Stufe 2 backen. Die Böden auf Backrosten abkühlen lassen, dann vorsichtig aus den Formen lösen.
Für die Creme die Milch aufkochen. Instant-Kaffee einrühren. Eigelb und Speise

stärke (Handrührgerät) verrühren, etwas heiße Milch zufügen, dann unter Rühren in die restliche heiße Milch geben, einmal aufkochen, danach abkühlen lassen, dabei mehrmals umrühren. Sanella und Zucker schaumig rühren. Die abgekühlte Creme löffelweise unterrühren.
Die Kuchenböden jeweils zweimal durchschneiden. Die Schichten mit Rum oder Orangensaft beträufeln. Jeden Boden dünn mit Creme bestreichen und dann aufeinandersetzen. Mit der restlichen Creme die Torte von außen bestreichen. Kaltstellen.

Für die Schokoladensterne die Kuvertüre im Wasserbad oder in der Mikrowelle auflösen. Die Kuvertüre auf einer Alufolie oder Backpapier dünn verstreichen und fest werden lassen. Mit verschieden großen Sternchenformen Sterne ausstechen und von der Unterlage lösen. Die Übriggebliebene Kuvertüre erneut auflösen.

Die geschmolzene Schokolade auf die Torte träufeln und mit Raspelschokolade bestreuen. Die Schokoladensterne auf der Torte verteilen und mit Puderzucker bestäuben.

Knusperhäuschen

1 Glas Bienenhonig (500g)
250 g Zucker
200 g Sanella und Sanella für das Blech
1 P. Pfefferkuchengewürz
15 g Kakao, 1 kg Mehl
1/2 P. Backin
1 Prise Salz
2 Eier, 3 Eiweiß
ca. 550 g Puderzucker und
Puderzucker zum Bestäuben
2 Blatt rote Gelatine
Kleingebäck, Süßigkeiten, Mandeln o.a.
Lebensmittelfarben

Honig, Zucker, Sanella, Pfefferkuchengewürz und Kakao in einem Topf unter Rühren erhitzen, bis der Zucker gelöst ist. – Abkühlen lassen. – Mehl, Backin und Salz in einer Schüssel vermengen, Eier verschlagen, mit der Honigmasse verrühren, dazugeben und alles zu einem glatten Teig verkneten. Abgedeckt im Kühlschrank mindestens 1 Stunde ruhen lassen. Dann den Teig ca. 1/2 cm dick ausrollen, auf ein mit Sanella gefettetes Backblech geben und nochmals glattrollen. Die Hausteile nach Schablone (siehe Seite 84) mit dem Messer ausschneiden. Aus dem restlichen Teig Sterne in verschiedenen Größen für Tannen, Hexe, Hänsel und Gretel und Rechtecke für den Zaun ausschneiden. Alles im vorgeheizten Ofen 10-12 Minuten abbacken. Sollten die einzelnen Hausteile zu stark verformt sein, kann man sie noch heiß nachschneiden. Das Gebäck noch warm vom Blech lösen und abkühlen lassen. Eiweiß zu steifem Schnee schlagen und so viel Puderzucker zufügen, bis die Masse spritzbar ist. Aus festem Pergamentpapier kleine Spritztüten kleben. Tür- und Fensterteile von der Rückseite mit wenig Guß bespritzen und Gelatine dagegendrücken. Alle Hausteile mit Guß auf die Pappschablone kleben. (Fenster- und Türöffnungen in der Schablone nicht vergessen!)

Seiten- und Giebelwände mit Guß unc Süßigkeiten verzieren. Sind die Süßigkeiten fest angetrocknet, die Seiten- und Giebelwände mit Zuckerguß auf ein großes Holzbrett kleben und die Wände an der Kanten mit Guß aneinanderdrücken – trocknen lassen. – Dann Dach unc Schornstein aufkleben.
Nach dem Trocknen mit Kleingebäck, Süßigkeiten und Zuckerguß nach Belieben verzieren.
Für die Tanne die Sterne mit Guß aufeinanderkleben. Für die Hexe, Hänsel unc Gretel etwas Guß mit Lebensmittelfarber

unterschiedlich einfärben. Die Figuren bunt bespritzen und die Rechtecke als Zaun rundherum setzen. Den Hof mit Puderzucker bestäuben. Die Figuren hineinsetzen.

Backzeit: 10-12 Minuten
E-Herd: 200-225 Grad
G-Herd: 3-4

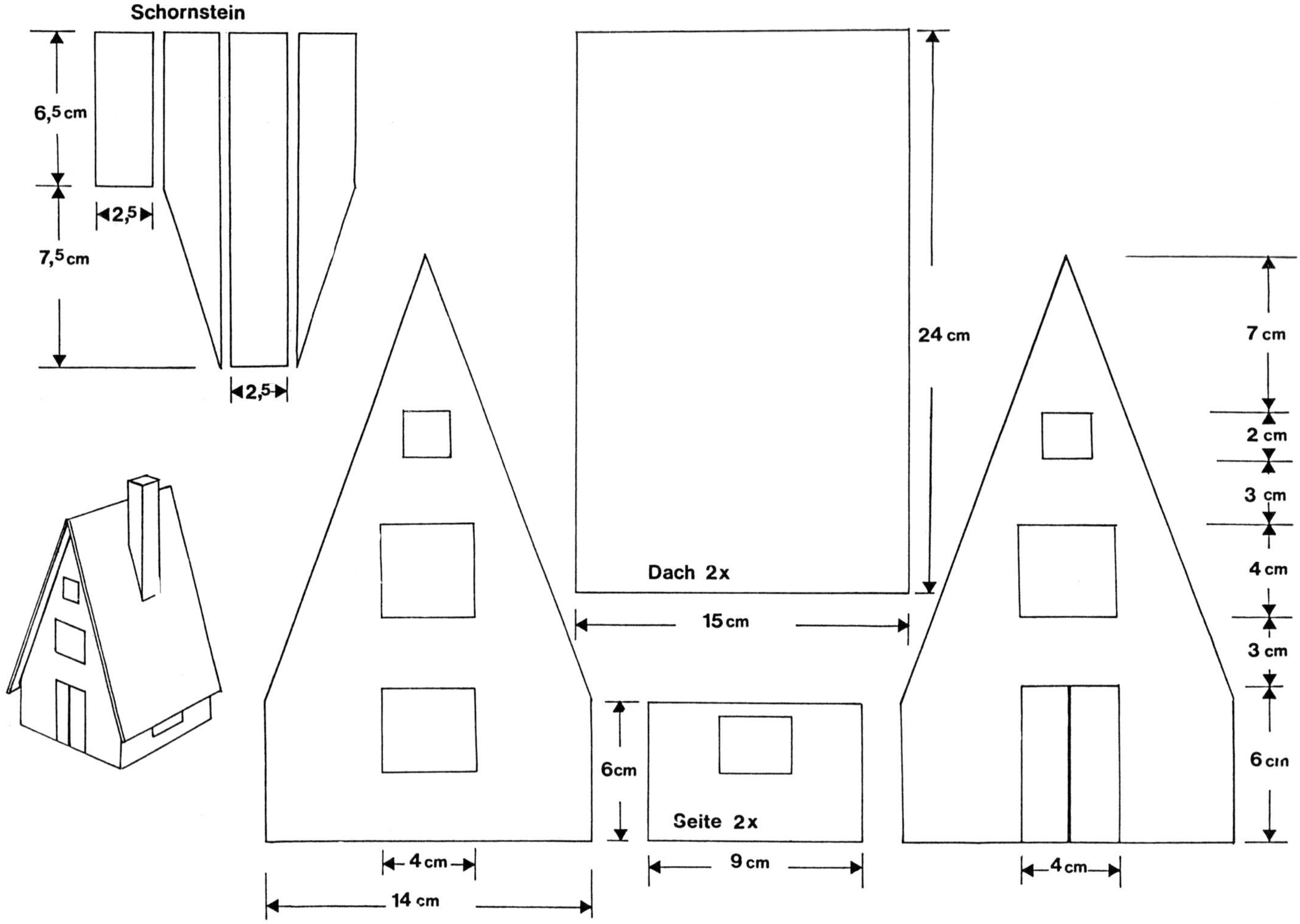
Schornstein
6,5 cm
2,5
7,5 cm
2,5
24 cm
Dach 2x
15 cm
7 cm
2 cm
3 cm
4 cm
3 cm
6 cm
6cm
Seite 2x
9 cm
4 cm
14 cm
4 cm

Bratapfel

Zutaten für 4 Portionen:
8 Trockenpflaumen
3 El Cognac, 2 El Wasser
1 Msp. Ingwerpulver
2 Msp. Zimt, 4 rote Äpfel
60 g Sonnenblumenkerne
1/2 Tl Butter, 1 El Honig
4 El Sonnenblumenkerne zum Verzieren
6 El Apfelsaft

Für die Caramelsauce:
6 El Zucker
1/8 l Sahne (30 % Fett)

Die Trockenpflaumen halbieren. Den Cognac und das Wasser mit dem Ingwerpulver und dem Zimt erhitzen, die Pflaumen darin 10 Minuten marinieren. Die Äpfel waschen, mit Küchenkrepp abreiben und das Kernhaus großzügig herausstechen. Die Sonnenblumenkerne in der Butter rösten. Die Pflaumen hacken und mit den Sonnenblumenkernen und dem Honig vermischen. Die Füllung in das Apfelloch drücken. Rundum den Apfel igelartig mit den Sonnenblumenkernen spicken. Den Apfelsaft in eine feuerfeste Auflaufform gießen und die Äpfel hineinsetzen. Mit geschlossenem Deckel bei 180 Grad 35 Minuten im Backrohr braten. Den Zukker bei geringer Hitzezufuhr schmelzen, karamelisieren und mit der Sahne ablöschen. Die Caramelsauce als Spiegel auf einen großen Teller geben und die gegarten Bratäpfel hineinsetzen.

Zubereitungszeit: 20 Minuten
Garzeit: 35 Minuten

Himmelstorte

Zugegeben, die Dekoration aus Marzipan braucht schon eine ruhige Hand, aber wir helfen Ihnen dabei.
Auf Seite 88 finden Sie zwei Schablonen in Originalgröße, die Sie ganz einfach auf Pergament- oder Backpapier abpausen und ausschneiden, auch Fenster und Türen der Gebäude. Anschließend beide Papierschablonen je zweimal nebeneinander auf das ausgerollte Marzipan legen, die Stadt mit einem spitzen Messer ausschneiden und rund um den Tortenrand in die noch feuchte Schokolade kleben. Aus dem übrigen Marzipan Mond und Sterne ausstechen, die Oberfläche der Torte dekorieren. Alle Schmuckstücke mit zartpastellig gefärbtem Zuckerguß – wie auf dem Foto bemalen – oder einfach naturbelassen. Zusätzlich mit glänzenden Zuckerperlen verzieren.

Zutaten
Für die Böden:
5 Eier (getrennt), 1 Tl Zimtpulver
75 g Zucker, 125 g Mehl
30 g Kakaopulver, 1 Tl Backpulver
3 El Kirschwasser

Für die Füllung:
1/8 l Milch, 1 Vanilleschote
2 El Butter oder Margarine
1 Dose gezuckertes Kastanienpüree (500 g)
5 Blatt weiße Gelatine, 4 Eiweiß, 1 Prise Salz

Zum Überziehen und Verzieren:
200 g Zartbitter-Kuvertüre
200 g Marzipan-Rohmasse
150 g Puderzucker, glänzende Zuckerperlen und Speisefarben in Rot, Gelb, Blau, eventuell dünnes Goldpapier

1. Elektro-Ofen auf 175 Grad vorheizen (Gas Stufe 2).
2. Eigelb, 2 El Wasser und Zimt schaumig schlagen. Eiweiß und Zucker cremig rühren. Mehl, Kakao- und Backpulver mischen.
3. Hälfte des Eischnees mit der Eigelbmasse verrühren, den übrigen Eischnee und das Mehl-Gemisch nach und nach unterheben. Masse in eine mit Backpapier ausgelegte Springform (Durchmesser 22 cm) füllen. Etwa 25 Minuten backen.
4. Den Boden etwas abkühlen lassen, aus der Form lösen und stürzen. Backpapier abziehen, Boden völlig erkalten lassen.
5. Für die Füllung die Milch mit dem ausgekratzten Mark und der Vanilleschote aufkochen. Vom Herd nehmen, das Fett und Kastanienpüree hinzufügen, unter Rühren schmelzen.
6. Gelatine in kaltem Wasser 5 Minuten einweichen, leicht ausdrücken und in der heißen Milch auflösen, etwas abkühlen.
7. Eiweiß mit Salz schnittfest schlagen, unterheben. Die Creme bis zum Gelieren in den Kühlschrank stellen.
8. Den Schoko-Biskuit mit einem breiten Messer zweimal waagrecht zerteilen, so daß 3 gleiche Böden vorliegen, alle mit Kirschwasser tränken. Einen Boden in einen Tortenring einpassen. Die Hälfte der Creme darauf verteilen, glatt streichen. Den zweiten Boden einpassen, darauf die übrige Creme verteilen. Die Torte 1-2 Stunden in den Kühlschrank stellen.
9. Torte aus dem Ring lösen. Die Kuvertüre hacken und im warmen Wasserbad schmelzen, die Torte damit gleichmäßig überziehen. Antrocknen lassen.
10. Inzwischen für die Verzierung die Schablonen der orientalischen Stadt wie eingangs beschrieben anfertigen.
11. Die Marzipan-Rohmasse und 100 g Puderzucker verkneten, zu einem schmalen Rechteck (etwa 78x10 cm) ausrollen. Die beiden Schablonen abwechselnd, je zweimal hintereinander auflegen (die linke Kante der Schablone auf Seite 88 oben

direkt an die rechte Kante der Schablone S. 88 unten anlegen). Die Stadt ausschneiden und rundum an den Rand der Torte in die halb feste Kuvertüre kleben.

12. Das übrige Marzipan erneut ausrollen, Mond und Sterne nach Wahl ausstechen und auf die Oberfläche der Torte legen.

13. Den restlichen Puderzucker mit knapp 1 El Wasser verrühren, mit roter, blauer und gelber Farbe zartpastellig färben. Die Marzipan-Dekoration nach Belieben damit bemalen. Zuckerperlen und Goldpapier mit etwas Glasur ankleben.

Abwandlung: Marzipan-Mond und -Sterne auf ein mit Backpapier belegtes Blech legen. Ganz kurz, höchstens 1 Minute unter den Grill schieben und bräunen.

Pfefferkuchenplätzchen mit marmoriertem Guß

Die Teigmenge ergibt ca. 40 Kekse Durchmesser 5 cm oder 15 Kekse Durchmesser 10-12 cm

Zutaten für den Teig:
250 g Honig, 125 g Zucker
100 g Sanella
1/2 Paket Pfefferkuchengewürz
1 Prise Salz, 1 Ei verschlagen
350 g Weizenvollkornmehl
–Type 1050–
250 g gemahlene Mandeln
1/2 Tl Kakao, 1/2 Paket Backpulver

für den Guß:
2 Eiweiß
200 -250 g Puderzucker
Speisefarbe

für die Dekoration:
spitze Holzstäbchen

Honig, Zucker und Sanella, in einem Topf erhitzen und verrühren bis sich der Zucker gelöst hat. Die Gewürze mit der Prise Salz und dem Ei zufügen und die Masse anschließend gut abkühlen lassen. Inzwischen Mehl, Mandeln, Kakao und Backpulver zunächst verrühren und dann gut durchkneten. Anschließend den Teig im Kühlschrank ruhen lassen.
Den Teig auf einer bemehlten Fläche ca. 1/2 cm dick ausrollen und mittels Ausstechformen oder Pappschablonen die Formen ausschneiden. Diese dann auf ein mit Backpapier ausgelegtes Backblech legen und ca. 10-15 Minuten bei E: 200 Grad, G: Stufe 3 backen. Sofort nach dem Backen die Formen vom Blech nehmen und auf einem Rost abkühlen lassen.
Für den Guß das Eiweiß sehr steif schlagen, den Puderzucker einrühren und zu einer glatten, etwas laufenden Masse verrühren, die dann auf mehrere kleine Gefäße verteilt wird und nach Wunsch mit Speisefarben eingefärbt werden kann.

Nun den Guß gleichmäßig auf die Plätzchen streichen.
In den noch feuchten Guß noch andere Gußfarben tropfen, wobei auch gut zwei Farben übereinandertropfen dürfen. Mit einem Holzstäbchen (Zahnstocher) nun von Tropfen zu Tropfen eine Verbindung ziehen. Die Farben laufen ineinander und bilden somit das marmorierte Muster. Die Plätzchen trocknen lassen und anschließend hübsch verpacken.

Der besondere Tip:
Nehmen Sie am besten ein Plätzchen nach dem anderen zur Hand, denn nur der noch feuchte Guß läßt sich gut verarbeiten. Nach dem Durchziehen mit dem Stäbchen läuft er wieder glatt zusammen.

Englischer Früchtekuchen mit Whiskyglasur

für den Teig:
1 Packung Kraft Kuchenland Backmischung »Gewürzkuchen«
100 g Margarine/Butter, 3 Eier
100 ml/ccm Milch/Wasser
150 g Zitronat, 150 g Orangeat
50 g kandierter Ingwer
50 g Walnußkerne
100 g getrocknete Feigen

für die Glasur:
1-2 El Whisky
verschiedene kandierte Früchte zum Garnieren

Kastenform 25 cm lang fetten.
Orangeat und Zitronat würfeln, kandierten Ingwer fein schneiden, Walnußkerne grob hacken und Feigen grob schneiden.
Backmischung, Margarine/Butter, Eier und Milch in einer Schüssel kurz verrühren (Rührbesen). Dann bei höchster Schaltstufe 3-4 Minuten cremig rühren.
Vorbereitetes Orangeat, Zitronat, Ingwer, Walnußkerne und Feigen in den Teig rühren. Teig in die Kastenform füllen glattstreichen. Backen.
Früchtekuchen aus der Form lösen, auf ein Kuchengitter geben, 10 Minuten abkühlen lassen.
Glasurmischung mit Whisky verrühren. Den noch warmen Kuchen damit glasieren und mit verschiedenen kandierten Früchten verzieren.
Früchtekuchen auskühlen lassen.

Strom: 175 Grad
Gas Stufe: 2 - 2 1/2
Umluftbackofen: ca. 150 Grad
Backzeit: ca. 70-80 Minuten

Dattel-Gewürz-Herzen

für den Teig:
1 Packung Kraft Kuchenland »Gewürzkuchen«
125 g Margarine/Butter, 2 Eier
1/8l Milch/Wasser
100 g gemahlene Haselnüsse
50 g gehackte Haselnüsse
150 g Datteln

Glasur:
1-2 El Wasser
Datteln und Pistazien für die Garnierung

1 Herzbackform aus Keramik

Herzbackform mit Margarine/Butter fetten und mit Semmelbrösel ausstreuen.
Datteln entkernen und fein schneiden.
Backmischung, Margarine/Butter, Eier und Milch in einer Schüssel kurz verrühren (Rührbesen). Dann bei höchster Schaltstu-

fe 3-4 Minuten cremig rühren. Haselnüsse und Dattelstückchen unterrühren. Teig in die vorbereitete Herzbackform füllen, glattstreichen. Backen.
Kuchen aus der Form lösen, auf ein Kuchengitter geben, 10 Minuten abkühlen lassen.
Glasurmischung mit Wasser verrühren. Das noch warme Kuchenherz damit überziehen und mit Datteln und Pistazien hübsch verzieren. Dattelherz auskühlen lassen.

Ofeneinstellung wie Seite 90
Backzeit: 50-55 Minuten

Buntes Butter-Gebäck

für den Teig:
1 Packung Kraft Kuchenland
»Butter-Gebäck«
200 g Butter/Margarine, 1-2 El Milch
Glasur:
250 g Puderzucker
2-3 El Speisefarben

zum Garnieren:
verschiedener Gebäck-Schmuck etc.
Folie zum Einpacken, Geschenkband

Backblech fetten oder mit Kraft Back-Papier auslegen.

Backmischung, Butter/Margarine und Milch in einer Schüssel in 2-3 Minuten zu einem glatten Teig kneten (Knethaken). Teig 30 Minuten kühlstellen.
Auf einer bemehlten Arbeitsfläche oder zwischen Folie Teig messerrückendick ausrollen. Verschiedene Formen und Figuren ausstechen, auf das Backblech geben. Backen.

Ofeneinstellung wie Seite 90
Backzeit: 8-15 Minuten

Puderzucker mit Wasser verrühren, in kleine Schälchen aufteilen und mit Speisefarben verschieden einfärben. Plätzchen damit bestreichen und mit buntem Gebäckschmuck verzieren.
Einzelne Plätzchen in Folie einwickeln, mit einem bunten Bändchen verschließen.
Eignet sich auch als Weihnachtsbaumschmuck.

Florentiner

Zutaten für 35 Stück:
60 g Orangeat, 60 g Zitronat
125 g Mandelsplitter, 125 g Zucker
1 El Margarine
125 ml Sahne (30 % Fett), 2 El Mehl

für die Glasur:
120 g Zartbitter-Schokolade
3 El Wasser

Den Backofen auf 220 Grad vorheizen. Das Orangeat und das Zitronat hacken. Die Mandelsplitter mit dem Orangeat, dem Zitronat, dem Zucker, der Margarine und der Sahne in eine Pfanne geben, mischen. Die Masse unter Rühren bei geringer Hitzezufuhr drei Minuten kochen. Das Mehl unterziehen. Mit zwei Teelöffeln Häufchen auf Backtrennpapier setzen, flachdrücken. Die Florentiner fünf Minuten backen, dann aus dem Ofen nehmen und mit großen, runden Ausstechern nachformen. Von dem Backtrennpapier lösen. Die Schokolade mit dem Wasser auflösen. Die Unterseite der Florentiner in die Schokolade eintauchen, dann trocknen lassen.
Zubereitungszeit (gesamt): 30 Minuten
Backzeit: 5 Minuten

Spitzbuben und Butterplätzchen

Zutaten für 40 Stück:
250 g Butter, 130 g Zucker
1 Eiweiß, 1 Prise Salz
2 Tl Vanillezucker, 350 g Mehl

Zum Füllen und Bestreuen:
100 g Johannisbeergelee, Puderzucker,
2 Eiweiße
Schokoladenstreusel
bunte Zuckerstreusel

Die Butter glattrühren. Mit dem Zucker schaumig rühren. Mit den übrigen Zutaten verkneten und den Teig kaltstellen. Den Teig ausrollen. Die Plätzchen mit herzförmigen, runden und Spitzbuben-Ausstechern formen und auf Backtrennpapier legen. Im vorgeheizten Backofen bei

200 Grad 8 Minuten backen. Das Johannisbeergelee warmstellen. Einen Teil der Deckel mit Puderzucker bestäuben. Ein Drittel der Plätzchen füllen. Die übrigen Plätzchen mit Eiweiß bepinseln und mit Zucker- oder Schokoladenstreusel bestreuen.
Zubereitungszeit (gesamt): 45 Minuten
Backzeit: 8 Minuten

Weihnachtsstollen »Merry Christmas«

Zutaten für 2 Stollen:

250 g kalifornische Rosinen
100 g Zitronat , 100 g Orangeat
1/8 l Orangenlikör
250 ml Milch, 80 g Hefe, 1 Prise Zucker
1 kg Mehl (Type 405)
140 g Zucker, 1 Prise Salz, 3 Eigelb
400 g Butter
5 Tropfen Bittermandelaroma
1 Päckchen Citro-Back
oder Orange-Back
1/2 Tl Kardamom gemahlen
Mark von 1 Vanilleschote
200 g gehackte Mandeln, Backpapier
50 g Butter, 100 g Puderzucker

Die Rosinen, das Zitronat und das Orangeat in einer Schüssel mischen, in dem Orangenlikör eine Stunde marinieren, abtropfen lassen, zur Seite stellen. Die Milch auf 35 Grad erwärmen. Die Hefe zerbröckeln, mit ca. 1/8 l lauwarmer Milch, einer Prise Zucker und wenig Mehl verrühren. Das restliche Mehl in eine große Schüssel geben. In die Mitte eine Mulde drücken. Den Vorteig in die Mulde geben, mit Mehl leicht bestäuben. Das Salz, den Zucker und die Butterflöckchen auf dem Mehlrand verteilen. Die Schüssel zudecken. Den Vorteig ca. 15 Minuten bei Raumtemperatur gehen lassen. Die Eigelbe, das Bittermandelaroma, das Citro-Back, den Kardamom, das Vanillemark und die restliche Milch hinzufügen. Alle Zutaten zu einem glatten Teig verarbeiten, bis er Blasen wirft. Mit Mehl bestäuben, zudecken, 10 Minuten gehen lassen. Den Teig auf bemehlter Arbeitsfläche mit bemehlten Händen flachdrücken, darauf die Mandeln, die Rosinen, das Zitronat und das Orangeat verteilen. Die vier Teigseiten nach der Mitte einschlagen, den Teig wieder flachdrücken, wieder einschlagen usw., bis Mandeln und Früchte gleichmäßig im Teig verteilt sind. Teig zudecken, 30 Minuten ruhen lassen. Den Teig halbieren, aus jeder Hälfte eine längliche Rolle formen, diese mit bemehltem Rollholz in der Mitte längs dünner ausrollen, eine Teigseite über die andere schlagen, festdrücken. So kommt die typische Stollenform zustande. Ein Backblech mit Backpapier belegen, die beiden Stollen daraufsetzen, zudecken, nochmals 30 Minuten gehen lassen. Die Stollen im vorgeheizten Backofen bei 200 Grad ca. 60 Minuten backen. Mit einem Holzstäbchen die Garprobe machen. Die Butter zergehen lassen und die noch warmen Stollen bestreichen. Dick Puderzucker darübersieben. Die Stollen auf einem Kuchengitter auskühlen lassen und zum Lagern dicht in Aluminiumfolie einpacken.

Aperitifs zur Weihnachtszeit

Ein Begrüßungstrunk, passend zur weihnachtlichen Zeit zusammengestellt, ist der richtige Rahmen zum Auftakt für ein festliches Menü oder aber auch nur zum freundschaftlichen Gespräch.

Campari Rising Star
(Foto oben: rechts)

Zutaten: (für 2 Aperitifs)
3 cl Campari
2 cl trockener Sherry
6 cl Tonic Water

Zubereitung:
Campari und Sherry in mit Eiswürfeln gefüllte Sherrygläser geben und mit Tonic Water auffüllen. Kurz und kräftig umrühren.
Garniturempfehlung:
Orangenscheiben-Achtel einkerben und auf den Glasrand stecken.

Campari Amaretto
(Foto oben: links)

Zutaten: (für 2 Aperitifs)
4 cl Campari
1 cl Amaretto
8 cl Grapefruitsaft

Zubereitung:
Campari, Amaretto, Grapefruitsaft mit 4 Eiswürfeln im Shaker gut schütteln und in vorgekühlte Cocktailschalen abseihen.

Campari Shakerato
(Foto rechts: vorne)

Zutaten: (für 2 Aperitifs)
10 cl Campari
6 Eiswürfel

Zubereitung:
Campari und Eiswürfel in einen Shaker geben, gut schütteln. Campari in gekühlte, dünnwandige Sherrygläser abseihen. Sofort servieren. Durch das kräftige Schütteln im Shaker steigt im Glas eine attraktive Schaumkrone auf.

Campari Angelo
(Foto rechts: Mitte)

Zutaten: (für 2 Aperitifs)
6 cl Campari, 4 cl Ananassaft
4 cl Orangensaft
2 cl trockener Vermouth.

Zubereitung:
Campari, Ananassaft, Orangensaft und trockenen Vermouth mit Eiswürfel im Shaker gut schütteln und in vorgekühlte Cocktailschalen abseihen.
Garniturempfehlung:
In die Gläser je eine Cocktailkirsche legen.

Campari Romeo und Julia

(Foto oben: hinten)

Zutaten: (für 2 Aperitifs)
4 cl Campari, 10 cl Soave Classico (trockener Weißwein)
2 Spritzer Zitronensaft

Zubereitung:
Campari in gekühlte, hochstielige Weißweingläser geben, mit Soave Classico auffüllen. 1 Spritzer Zitronensaft hinzugeben.

Glühwein Spezial

Zutaten für 10 große Gläser:
2 Flaschen milder Rotwein
1/4 l Johannisbeernektar
10 Nelken, 2 Stangen Zimt
100 g Zucker, 1 Zitrone
100 g geschälte Mandeln
200 g getrocknete Aprikosen
1 Flasche Pott Rum 40

Den milden Rotwein mit Johannisbeernektar, Nelken, Zimtstangen, Zucker und der dünn abgeschälten Zitronenschale erhitzen. Etwa 10 Minuten ziehen lassen – nicht kochen. Die Aprikosen in Streifen schneiden und mit den Mandeln mischen. Je einen Eßlöffel davon und eine Zitronenscheibe in ein Glas geben und den heißen Glühwein einfüllen. Einen Schuß Pott Rum gießt sich jeder selbst dazu.

Ein unglaublicher Duft durchzieht die Wohnung an kalten Wintertagen, wenn der Glühwein auf einem Stövchen heißgehalten wird.

Klassisches »Dazu«: Krapfen

Zutaten:
50 g Butter, 2 El Zucker, 2 Eier
200 g Weizenmehl
1 1/2 Tl Backpulver, 1 Prise Salz
100 ccm saure Sahne
Fett zum Ausbacken
Zucker zum Bestreuen

Butter, Zucker und Eier schaumig rühren. Mehl, Backpulver, Salz und saure Sahne darunterfüllen. Den Teig in einen Spritzbeutel füllen und portionsweise – nicht zuviel auf einmal – in das siedende Fett spritzen, goldbraun backen. Abgetropft sofort mit Zucker bestreuen und noch warm zum Glühwein essen.

Kvalitetno vino
Der

Feuerzangenbowle

Das Lieblingsgetränk unserer Großväter, die Feuerzangenbowle, ist auch heute noch ein beliebtes »Ereignis«, um einen dunklen Winterabend zu verzaubern. Das Schöne ist, daß alle daran teilnehmen, wenn der Feuerzauber beginnt. Sie brauchen: einen feuerfesten Topf und eine Feuerzange.

Zutaten für 8 Personen:
einen Zuckerhut
zwei Flaschen Amselfelder Rotwein
eine Flasche »Der gute Pott 54%«
(ein besonders gut brennender, aromatischer Rum)
zwei bis drei Apfelsinen
eine Zitrone und zwei Gewürznelken.

Die Zubereitung ist einfach: Sie gießen den Rotwein in einen feuerfesten Topf und fügen den Saft der Apfelsinen und der Zitrone sowie die beiden Gewürznelken hinzu. Erhitzen Sie das Ganze (ohne es zu kochen), bis es dampft. Dann legen Sie die Feuerzange quer über den Topf, darauf den Zuckerhut, der nun schön langsam mit Rum übergossen wird. Sie brauchen etwa ein Wasserglas voll Rum, bis sich der Zukkerhut richtig vollgesogen hat. Jetzt anzünden und so brennen lassen, daß der Zukker allmählich schmilzt und in den heißen Topf tropft. Immer wieder mit einer Kelle etwas Rum nachschütten. Nicht mit der Flasche an die Flamme gehen! Zum Schluß die Zange entfernen und die Bowle schön heiß servieren. Wenn der Rum vorschriftsmäßig abgebrannt wurde, ist die Feuerzangenbowle zwar feurig und kräftig, aber nicht übermäßig stark.

Friesisches Leuchtfeuer

Zutaten für 4 Groggläser:
4 große Stücke weißer Kandiszucker
8 cl Orangenlikör
1/2 l frisch gebrühter Ostfriesentee
4 Stück Würfelzucker
etwa 4 cl Pott Rum 54 %
4 Zitronenscheiben

In die vorgewärmten Groggläser je ein großes Stück Kandiszucker legen. Je 2 cl Orangenlikör und den heißen Tee darübergießen. In jedes Glas eine Zitronenscheibe legen und auf das Glas einen Teelöffel mit einem Stück Würfelzucker. Den Zucker mit Rum tränken und sofort anzünden. Wenn der Zucker abgebrannt ist, mit dem Löffel umrühren und den Punsch heiß genießen.

Grapefruit-Holunderpunsch

Zutaten für 8 Personen:
1/2 l Rotwein
1/2 l Holundersaft
2 Stangen Zimt
4 Grapefruits, 2 Limonen
1 Zuckerhut
1/2 Flasche Pott Rum 54 %

Rotwein und Holundersaft mit den Zimtstangen bis kurz vorm Kochen erhitzen. Den frisch gepreßten Grapefruitsaft und den Limonensaft dazugießen. Das Getränk auf einem Stövchen heiß halten.

Eine Feuerzange quer über den Topf legen, darauf den Zuckerhut, der langsam mit Rum übergossen wird. Sie brauchen etwa ein Wasserglas voll Rum, bis sich der Zuckerhut richtig vollgesogen hat. Jetzt den Zuckerhut anzünden und brennen lassen, wobei der Zucker allmählich schmilzt und in den heißen Punsch tropft. Wenn die Flamme erlischt, gießen Sie etwas Rum nach, aber niemals direkt aus der Flasche, sondern mit einer Schöpfkelle. Sobald der Zucker abgeschmolzen ist, die Zange entfernen und den Punsch schön heiß servieren.

Lieder, Gedichte und Geschichten

Wie hier auf dem Foto sitzen in vielen Familien die Kinder um den Großvater, die Großmutter oder Vater und Mutter herum, um Geschichten oder Gedichten zu lauschen. Es gibt gerade zur weihnachtlichen Zeit eine große Auswahl davon.
Wir haben auf den folgenden Seiten zu den bekannten Geschichten und Gedichten noch Weihnachtsspiele und Weihnachtslieder hinzugefügt.
Sie sollen Anregung sein für eine schöne Gestaltung der Weihnachtszeit im Kreise der Familie.

O du fröhliche

2. Christ ist erschienen,
uns zu versöhnen.
Freue, freue dich o Christenheit!

3. Himmlische Heere
jauchzen dir Ehre.
Freue, freue dich o Christenheit!

Text: Johannes Daniel Falk
Melodie: Sizilianische Volksweise

Knecht Ruprecht

Theodor Storm

Von drauß, vom Walde komm ich her.
Ich muß euch sagen, es weihnachtet sehr!
Allüberall auf den Tannenspitzen
sah ich goldene Lichtlein blitzen.
Und droben aus dem Himmelstor
sah mit großen Augen das Christkind hervor.
Und wie ich so strolcht durch den finsteren Tann, da rief's mich mit heller Stimme an:
»Knecht Ruprecht«, rief es, »alter Gesell, hebe die Beine und spute dich schnell!
Die Kerzen fangen zu brennen an,
das Himmelstor ist aufgetan.
Alt und Jung sollen nun von der Jagd des Lebens einmal ruhn.
Und morgen flieg ich hinab zur Erden, denn es soll wieder Weihnachten werden!«

Ich sprach: »O lieber Herre Christ,
meine Reise fast zu Ende ist.
Ich soll nur noch in diese Stadt,
wo's lauter gute Kinder hat.«
»Hast denn das Säcklein auch bei dir?«
Ich sprach: »Das Säcklein, das ist hier:
denn Äpfel, Nuß und Mandelkern
essen fromme Kinder gern.«
»Hast denn die Rute auch bei dir?«
Ich sprach: »Die Rute, die ist hier.
Doch für die Kinder nur, die schlechten, die trifft sie auf den Teil, den rechten.«
Christkindlein sprach: »So ist es recht.
Nun geh mit Gott, mein treuer Knecht!«

Von drauß, vom Walde komm ich her.
Ich muß euch sagen, es weihnachtet sehr!
Nun sprecht, wie ich's hierinnen find:
Sind's gute Kind, sind's böse Kind?

Pfefferkuchenmann und Weihnachtsenglein

Von zwei kleinen Kindern darzustellen

(Der Rock des Pfefferkuchenmanns kann mit Pfefferkuchen benäht sein, das Hemd des Engleins mit Pfefferkuchensternen)

Pfefferkuchenmann

Ich bin ein Pfefferkuchenmann
und hab' ein feines Röcklein an –
du kannst mich mal besuchen!
Ich hab' ein kleines Zwergenhaus
und backe für den Nikolaus
den schönsten Pfefferkuchen.

Weihnachtsenglein

Ich bin ein Weihnachtsengelein
und helfe diesem Bengelein
beim Kneten und beim Rühren.
Und wenn du recht schön artig bist,
dann darfst du auch zum Heil'gen Christ
von allem was probieren.

Beide zusammen

Wir haben nicht mal in der Nacht
an Ruhe und an Schlaf gedacht,
so haben wir geschuftet.
Und kommst du mal an unser Haus,
ziehst du gewiß die Nase kraus
und schnupperst: Hmm – das duftet!

Ihr Kinderlein kommet

2. O seht in der Krippe im nächtlichen Stall,
seht hier bei des Lichtleins hellglänzendem Strahl
den lieblichen Knaben, das himmlische Kind,
viel schöner und holder als Englein es sind!

3. Da liegt es, das Kindlein, auf Heu und auf Stroh,
Maria und Joseph betrachten es froh.
Die redlichen Hirten knien betend davor,
hoch oben schwebt jubelnd der Engelein Chor.

4. O beugt, wie die Hirten, anbetend die Knie,
erhebet die Händlein und danket wie sie,
stimmt freudig, ihr Kinder, wer wollt sich nicht freun,
stimmt freudig zum Jubel der Englein mit ein!

Text: Christoph von Schmid
Melodie: Johann Abraham Schulz

Weihnachten

Joseph von Eichendorff

Markt und Straßen stehn verlassen,
still erleuchtet jedes Haus,
sinnend geh' ich durch die Gassen,
alles sieht so festlich aus.

An den Fenstern haben Frauen
buntes Spielzeug fromm geschmückt,
tausend Kindlein stehn und schauen,
sind so wunderstill beglückt.

Und ich wandre aus den Mauern
bis hinaus ins freie Feld,
hehres Glänzen, heil'ges Schauern!
Wie so weit und still die Welt!

Sterne hoch die Kreise schlingen,
aus des Schnees Einsamkeit
steigt's wie wunderbares Singen –
o du gnadenreiche Zeit!

O Tannenbaum

2. O Tannenbaum, o Tannenbaum,
du kannst mir sehr gefallen.
Wie oft hat doch zur Weihnachtszeit
ein Baum von dir mich hoch erfreut.
O Tannenbaum, o Tannenbaum, du
kannst mir sehr gefallen.

3. O Tannenbaum, o Tannenbaum,
dein Kleid kann mich was lehren:
Die Hoffnung und Beständigkeit
gibt Trost und Kraft zu jeder Zeit.
O Tannenbaum, o Tannenbaum,
dein Kleid kann mich was lehren.

Text: Ernst Anschütz
Melodie: 18. Jahrhundert

Das kleine Mädchen mit den Schwefelhölzern

Hans Christian Andersen

Es war entsetzlich kalt; es schneite und der Abend begann zu dunkeln; es war der letzte Abend des Jahres. In dieser Kälte und Dunkelheit ging auf der Straße ein kleines, armes Mädchen mit bloßem Kopf und nackten Füßen. Als es das Haus verließ, hatte es freilich Pantoffeln angehabt. Aber was half das! Es waren sehr große Pantoffeln, die seine Mutter bisher getragen hatte, so groß waren sie; und die Kleine verlor sie, als sie über die Straße huschte, weil zwei Wagen rasend schnell vorüberrollten. Der eine Pantoffel war nicht wiederzufinden, mit dem andern lief ein Junge davon; er sagte, er könne ihn als Wiege gebrauchen, wenn er selbst einmal Kinder hätte.

Da ging nun das kleine Mädchen auf den nackten, kleinen Füßen, die rot und blau vor Kälte waren. In einer alten Schürze trug es eine Menge Schwefelhölzchen und einen Bund davon in der Hand. Niemand hatte ihm den ganzen langen Tag etwas abgekauft, niemand hatte ihm auch nur einen kleinen Schilling geschenkt; hungrig und verfroren schlich es einher und sah so verschüchtert aus, das arme kleine Mädchen!

Die Schneeflocken bedeckten sein langes, blondes Haar, das sich so hübsch im Nacken lockte, aber daran dachte es nun freilich nicht.

Aus allen Fenstern glänzten die Lichter, und es roch in der Straße herrlich nach Gänsebraten; es war ja Silvesterabend, und daran dachte es.

In einem Winkel zwischen zwei Häusern von denen das eine etwas weiter in die Straße vorsprang als das andere, setzte es sich hin und kauerte sich zusammen. Die kleinen Füße hatte es fest an sich gezogen, aber es fror noch mehr, und es wagte nicht nach Hause zu gehen. Es hatte ja keine Schwefelhölzchen verkauft und nicht einen einzigen Schilling bekommen. Sein Vater würde es schlagen. Kalt war es daheim auch; über sich hatten sie nur das Dach, durch das der Wind pfiff, wenn auch die größten Spalten mit Stroh und Lappen zugestopft waren.

Ihre kleinen Hände waren vor Kälte beinahe erstarrt. Ach! Ein Schwefelhölzchen konnte ihm wohl guttun, wenn es ein einziges aus dem Bunde herausziehen, es an die Wand streichen und sich die Finger daran erwärmen dürfte. Es zog eins heraus, »ritsch!« wie sprühte, wie brannte es! Es war eine warme, helle Flamme, wie ein kleines Licht, als es die Hände darüber hielt, es war ein wunderbares Licht! Es schien dem kleinen Mädchen, als säße es vor einem großen eisernen Ofen mit blanken Messingkugeln und einer Messingtrommel. Das Feuer brannte ganz herrlich darin und wärmte so gut!

Das kleine Mädchen streckte schon die Füße aus, um auch diese zu erwärmen – da erlosch die Flamme, der Ofen verschwand –, es hatte nur den kleinen Rest des ausgebrannten Schwefelhölzchens in der Hand.
Ein neues wurde angestrichen, es brannte, es leuchtete, und wo der Schein auf die Mauer fiel, wurde diese durchsichtig wie ein Schleier. Es konnte gerade in die Stube hineinsehen, wo der Tisch mit einem weißen Tischtuch und feinem Porzellan gedeckt war, und herrlich dampfte die gebratene Gans, mit Äpfeln und getrockneten Pflaumen gefüllt. Und was noch prächtiger war, die Gans sprang von der Schüssel herunter und wackelte auf dem Fußboden, Gabel und Messer im Rücken, gerade auf das arme Mädchen zu. Da erlosch das Schwefelholz, und nur die dicke, kalte Mauer war zu sehen.
Es zündete ein neues an. Da saß es unter dem schönsten Weihnachtsbaum, der noch größer und aufgeputzter war, als der, den es am Heiligen Abend durch die Glastür bei dem reichen Kaufmann erblickt hatte. Tausende von Lichtern brannten auf den grünen Zweigen, und bunte Bilder wie sie an Schaufenstern zu sehen waren, schauten herab. Das kleine Mädchen streckte die Hände danach aus – da erlosch das Schwefelhölzchen. Die Weihnachtslichter stiegen höher und immer höher, es sah sie jetzt als helle Sterne am Himmel; einer davon fiel herab und bildete einen langen Feuerstreifen am Himmel.
»Jetzt stirbt jemand!« sagte das kleine Mädchen, denn die alte Großmutter, die einzige, die gut zu ihm gewesen und nun gestorben war, hatte ihm erzählt: »Wenn ein Stern vom Himmel herunterfällt, so steigt eine Seele zu Gott empor.«
Es strich wieder ein Hölzchen an der Mauer an, es leuchtete ringsumher, und im Glanze stand die alte Großmutter, so klar, so schimmernd, so mild und liebevoll. »Großmutter!« rief die Kleine. »Oh, nimm mich mit! Ich weiß, du bist fort, wenn das Schwefelhölzchen erlischt, du verschwindest wie der warme Ofen, der herrliche Gänsebraten und der große, prächtige Weihnachtsbaum!« Und es strich schnell den ganzen Rest der Hölzer an, der noch im Bunde war, denn es wollte die Großmutter recht festhalten. Und die Schwefelhölzchen leuchteten mit solchem Glanze, daß es heller wurde als am lichten Tage. Großmutter war früher nie so schön, so groß gewesen. Sie nahm das kleine Mädchen auf ihre Arme, und sie flogen in Glanz und Freude so hoch, so hoch; und dort oben war weder Kälte noch Hunger, noch Furcht – sie waren bei Gott!
Aber im Winkel des Hauses saß in der kalten Morgenstunde das kleine Mädchen mit roten Wangen und lächelndem Munde – tot, erfroren am letzten Abend des alten Jahres. Der Neujahrsmorgen ging über dem toten Kinde auf, das dort mit den Schwefelhölzern saß, von denen ein Bund abgebrannt war. »Es hatte sich erwärmen wollen!« sagte man. Niemand wußte, was es Schönes erblickt hatte, in welchem Glanze es mit der Großmutter zur Neujahrsfreude eingegangen war.

Am Weihnachtsbaum die Lichter brennen

2. Die Kinder stehen mit hellen Blicken,
das Auge lacht, es lacht das Herz;
o fröhlich seliges Entzücken!
Die Alten schauen himmelwärts.

3. Zwei Engel sind hereingetreten,
kein Auge hat sie kommen sehn;
sie gehn zum Weihnachtstisch und beten
und wenden wieder sich und gehn.

4. Kein Ohr hat ihren Spruch vernommen;
unsichtbar jedes Menschen Blick
sind sie gegangen wie gekommen:
Doch Gottes Segen blieb zurück.

Text: Hermann Kletke

Die Heilige Nacht

Selma Lagerlöff

Als ich fünf Jahre alt war, hatte ich einen großen Kummer. Ich weiß kaum, ob ich seitdem einen größeren gehabt habe. Das war, als meine Großmutter starb. Bis dahin hatte sie jeden Tag auf dem Ecksofa in ihrer Stube gesessen und Märchen erzählt. Ich weiß es nicht anders, als daß Großmutter dasaß und erzählte, vom Morgen bis zum Abend, und wir Kinder saßen still neben ihr und hörten zu. Das war ein herrliches Leben. Es gab keine Kinder, denen es so gut ging wie uns.

Ich erinnere mich nicht an sehr viel von meiner Großmutter. Ich erinnere mich, daß sie schönes, kreideweißes Haar hatte und daß sie sehr gebückt ging und daß sie immer dasaß und an einem Strumpf strickte.

Dann erinnere ich mich auch, daß sie, wenn sie ein Märchen erzählt hatte, ihre Hand auf meinen Kopf zu legen pflegte, und dann sagte sie: »Und das alles ist so wahr, wie daß ich dich sehe und du mich siehst.«

Ich entsinne mich auch, daß sie schöne Lieder singen konnte, aber das tat sie nicht alle Tage. Eines dieser Lieder handelte von einem Ritter und einer Meerjungfrau, und es hatte den Kehrreim: »Es weht so kalt, es weht so kalt, wohl über die weite See.«

Dann entsinne ich mich eines kleinen Gebets, das sie mich lehrte, und eines Psalmverses.

Von allen den Geschichten, die sie mir erzählte, habe ich nur eine schwache, unklare Erinnerung. Nur an eine einzige von ihnen erinnere ich mich so gut, daß ich sie erzählen könnte. Es ist eine kleine Geschichte von Jesu Geburt.

Seht, daß ist beinahe alles, was ich noch von meiner Großmutter weiß, außer dem, woran ich mich am besten erinnere, nämlich dem großen Schmerz, als sie dahinging.

Ich erinnere mich an den Morgen, an dem das Ecksofa leer stand und es unmöglich war, zu begreifen, wie die Stunden des Tages zu Ende gehen sollten. Daran erinnere ich mich. Das vergesse ich nie. Und ich erinnere mich, daß wir Kinder hingeführt wurden, um die Hand der Toten zu küssen. Und wir hatten Angst, es zu tun, aber das sagte uns jemand, daß wir nun zum letztenmal Großmutter für alle die Freude danken könnten, die sie uns gebracht hatte. Und ich erinnere mich, wie Märchen und Lieder vom Hause wegfuhren, in einen langen schwarzen Sarg gepackt, und niemals wiederkamen.

Ich erinnere mich, daß etwas aus dem Leben verschwunden war. Es war, als hätte sich die Tür zu einer ganzen schönen, verzauberten Welt geschlossen, in der wir früher frei aus und ein gehen durften. Und nun gab es niemand mehr, der sich darauf verstand, diese Tür zu öffnen.

Märchenmütterchen

Und ich erinnere mich, daß wir Kinder so allmählich lernten, mit Spielzeug und Puppen zu spielen und zu leben wie andere Kinder auch, und da konnte es ja den Anschein haben, als vermißten wir Großmutter nicht mehr, als erinnerten wir uns nicht mehr an sie.
Aber noch heute, nach vierzig Jahren, wie ich da sitze und die Legenden über Christus sammle, die ich drüben im Morgenland gehört habe, wacht die kleine Geschichte von Jesu Geburt, die meine Großmutter zu erzählen pflegte, in mir auf. Und ich bekomme Lust, sie noch einmal zu erzählen und sie auch in meine Sammlung mit aufzunehmen.
Es war an einem Weihnachtstag, alle waren zur Kirche gefahren, außer Großmutter und mir. Ich glaube, wir beide waren im ganzen Hause allein. Wir hatten nicht mitfahren können, weil die eine zu jung und die andere zu alt war. Und alle beide waren wir betrübt, daß wir nicht zum Mettegesang fahren und die Weihnachtslichter sehen konnten.
Aber wie wir so in unserer Einsamkeit saßen, fing Großmutter zu erzählen an.
»Es war einmal ein Mann«, sagte sie, »der in die dunkle Nacht hinausging, um sich Feuer zu leihen. Er ging von Haus zu Haus und klopfte an. ›Ihr lieben Leute, helft mir!‹ sagte er. ›Mein Weib hat eben ein Kindlein geboren, und ich muß Feuer anzünden, um es und den Kleinen zu erwärmen.‹
Aber es war tiefe Nacht, so daß alle Menschen schliefen, und niemand antwortete ihm.
Der Mann ging und ging. Endlich erblickte er in weiter Ferne einen Feuerschein. Da wanderte er dieser Richtung zu und sah, daß das Feuer im Freien brannte. Eine Menge weißer Schafe lag rings um das Feuer und schlief, und ein alter Hirte wachte über der Herde. Als der Mann, der Feuer leihen wollte, zu den Schafen kam, sah er, daß drei große Hunde zu Füßen des Hirten ruhten und schliefen. Sie erwachten alle drei bei seinem Kommen und sperrten ihre weiten Rachen auf, als ob sie bellen wollten, aber man vernahm keinen Laut. Der Mann sah, daß sich die Haare auf ihrem Rücken sträubten, er sah, wie ihre scharfen Zähne funkelnd weiß im Feuerschein leuchteten, und wie sie auf ihn losstürzten. Er fühlte, daß einer nach seiner Hand und daß einer sich an seine Kehle hängte. Aber die Kinnladen und die Zähne, mit denen die Hunde beißen wollten, gehorchten ihnen nicht, und der Mann litt nicht den kleinsten Schaden.
Nun wollte der Mann weitergehen, um das zu finden, was er brauchte. Aber die Schafe lagen so dicht nebeneinander, Rücken an Rücken, daß er nicht vorwärts kommen konnte. Da stieg der Mann auf die Rücken der Tiere und wanderte über sie hin dem Feuer zu. Und keins von den Tieren wachte auf oder regte sich.«
Soweit hatte Großmutter ungestört erzählen können, aber nun konnte ich es nicht lassen, sie zu unterbrechen. »Warum regten sie sich nicht, Großmutter?« fragte ich.
»Das wirst du nach einem Weilchen

schon erfahren«, sagte Großmutter und fuhr mit der Geschichte fort. »Als der Mann fast beim Feuer angelangt war, sah der Hirt auf. Es war ein alter, mürrischer Mann, der unwirsch und hart gegen alle Menschen war. Und als er einen Fremden kommen sah, griff er nach seinem langen, spitzigen Stabe, den er in der Hand zu halten pflegte, wenn er seine Herde hütete, und warf ihn nach ihm. Und der Stab fuhr zischend gerade auf den Mann los, aber ehe er ihn traf, wich er zur Seite und sauste, an ihm vorbei, weit über das Feld.«

Als Großmutter soweit gekommen war, unterbrach ich sie abermals. »Großmutter, warum wollte der Stock den Mann nicht schlagen?« Aber Großmutter ließ es sich nicht einfallen, mir zu antworten, sondern fuhr mit ihrer Erzählung fort.

»Nun kam der Mann zu dem Hirten und sagte zu ihm: ›Guter Freund, hilf mir und leih mir ein wenig Feuer. Mein Weib hat eben ein Kindlein geboren, und ich muß Feuer machen, um es und den Kleinen zu erwärmen.‹ Der Hirt hätte am liebsten nein gesagt, aber als er daran dachte, daß die Hunde dem Manne nicht hatten schaden können, daß die Schafe nicht vor ihm davongelaufen waren und daß sein Stab ihn nicht fällen wollte, da wurde ihm ein wenig bange, und er wagte es nicht, dem Fremden das abzuschlagen, was er begehrte. ›Nimm, soviel du brauchst‹, sagte er zu dem Manne.

Aber das Feuer war beinahe ausgebrannt. Es waren keine Scheite und Zweige mehr übrig, sondern nur ein großer Gluthaufen, und der Fremde hatte weder Schaufel noch Eimer, worin der die roten Kohlen hätte tragen können.

Als der Hirt dies sah, sagte er abermals: ›Nimm, soviel du brauchst!‹ Und er freute sich, daß der Mann kein Feuer wegtragen konnte. Aber der Mann beugte sich hinunter, holte die Kohlen mit bloßen Händen aus der Asche und legte sie in seinen Mantel. Und weder versengten die Kohlen seine Hände, als er sie berührte, noch versengten sie seinen Mantel, sondern der Mann trug sie fort, als wenn es Nüsse oder Äpfel gewesen wären.«

Aber hier wurde die Märchenerzählerin zum drittenmal unterbrochen. »Großmutter, warum wollte die Kohle den Mantel nicht brennen?«

»Das wirst du schon hören«, sagte Großmutter, und dann erzählte sie weiter.

»Als dieser Hirt, der ein so böser, mürrischer Mann war, dies alles sah, begann er sich bei sich selbst zu wundern: ›Was kann dies für eine Nacht sein, wo die Hunde die Schafe nicht beißen, die Schafe nicht erschrecken, die Lanze nicht tötet und das Feuer nicht brennt?‹ Er rief den Fremden zurück und sagte zu ihm: ›Was ist dies für eine Nacht? Und woher kommt es, daß alle Dinge dir Barmherzigkeit zeigen?‹

Da sagte der Mann: ›Ich kann es dir nicht sagen, wenn du selber es nicht siehst.‹ Und er wollte seiner Wege gehen, um bald ein Feuer anzünden und Weib und Kind wärmen zu können.

Aber da dachte der Hirt, er wolle den Mann nicht ganz aus dem Gesicht verlieren, bevor er erfahren hätte, was dies alles bedeute. Er stand auf und ging ihm nach, bis er dorthin kam, wo der Fremde daheim war. Da sah der Hirt, daß der Mann nicht einmal eine Hütte hatte, um darin zu wohnen, sondern er hatte sein Weib und sein Kind in einer Berggrotte liegen, wo es nichts gab als nackte, kalte Steinwände.

Aber der Hirt dachte, daß das arme un-

schuldige Kindlein vielleicht dort in der Grotte erfrieren würde, und obgleich er ein harter Mann war, wurde er davon doch ergriffen und beschloß, dem Kinde zu helfen. Und er löste sein Ränzel von der Schulter und nahm daraus ein weiches, weißes Schaffell hervor. Das gab er dem fremden Manne und sagte, er möge das Kind darauf betten.
Aber in demselben Augenblick, in dem er zeigte, daß auch er barmherzig sein konnte, wurden ihm die Augen geöffnet, und er sah, was er vorher nicht hatte sehen, und hörte, was er vorher nicht hatte hören können.
Er sah, daß rund um ihn ein dichter Kreis von kleinen, silberbeflügelten Englein stand. Und jedes von ihnen hielt ein Saitenspiel in der Hand, und alle sangen sie mit lauter Stimme, daß in dieser Nacht der Heiland geboren wäre, der die Welt von ihren Sünden erlösen solle.
Da begriff er, warum in dieser Nacht alle Dinge so froh waren, daß sie niemand etwas zuleide tun wollten. Und nicht nur rings um den Hirten waren Engel, sondern er sah sie überall. Sie saßen in der Grotte, und sie saßen auf dem Berge, und sie flogen unter dem Himmel. Sie kamen in großen Scharen über den Weg gegangen, und wie sie vorbeikamen, blieben sie stehen und warfen einen Blick auf das Kind.
Es herrschte eitel Jubel und Freude und Singen und Spiel, und das alles sah er in der dunklen Nacht, in der er früher nichts zu gewahren vermocht hatte. Und er wurde so froh, daß seine Augen geöffnet waren, daß er auf die Knie fiel und Gott dankte.«

Aber als Großmutter soweit gekommen war, seufzte sie und sagte: »Aber was der Hirte sah, das könnten wir auch sehen, denn die Engel fliegen in jeder Weihnachtsnacht unter dem Himmel, wenn wir sie nur zu gewahren vermögen.«
Und dann legte Großmutter ihre Hand auf meinen Kopf und sagte: »Dies sollst du dir merken, denn es ist so wahr, wie daß ich dich sehe und du mich siehst. Nicht auf Lichter und Lampen kommt es an und es liegt nicht an Mond und Sonne, sondern was not tut, ist, daß wir Augen haben, die Gottes Herrlichkeit sehen können.«

Englein und Weihnachtszwerg

Ein Spiel für drei Kinder

Personen:
Das Zwerglein
Das Englein
Sankt Nikolaus

Ort:
Eine Zwergenwerkstatt

Zeit:
Am Abend vor der Christnacht

Zwergenwerkstatt mit Fenster und Tür. In der Mitte ein schmaler, länglicher Tisch, darauf liegen bunte Weihnachtspapiere, Gold- und Silberbänder, rotes Band und Watte; daneben kleine Spielsachen, vor allem eine Puppe, ein Holzpferdchen, eine Blechtrompete. Abseits steht ein Puppenwagen. Neben dem Tisch ein geöffneter, zum Teil gefüllter Sack zum Zubinden.
Seitlich ein niedriger Tisch mit Schemel, der Arbeitsplatz des Zwerges mit allerlei Handwerkszeug: Hammer, Zange, Nägel, Schere, Leimtopf mit Pinsel usw.
Das Englein steht hinter dem höheren Tisch, der Zwerg sitzt müßig auf seinem Schemel.

Englein
(dringlich)

Komm, lieber Zwerg beeile dich –
pack all' die Sachen ein für mich,
die du den Kindern heilgemacht;
denn heute ist ja Weihnachtsnacht –
gleich wird das liebe Christkind kommen!

Zwerglein
(unmutig)

Hast du das Glöckchen schon vernommen,
das immer seinen Weg bereitet,
wenn es vom Himmel niedergleitet?

Englein

Nein, lieber Zwerg, bis jetzt noch nicht. –
Was machst du denn für ein Gesicht?

Zwerglein
(seufzend)

Ach, immer heißt es: Sputen, sputen!
Daß mir noch nicht die Hände bluten
von all' dem Hämmern und dem
Klopfen,
dem Kitten, Leimen, Säckestopfen
und all' dem andern Drum und Dran!

Englein
(erstaunt)

Hast du das denn nicht gern getan?

Zwerglein

Na ja, das schon; doch gerade jetzt
hab' ich mich einmal hingesetzt,
um mich ein wenig auszuruh'n.

Englein
(freundlich)

Das kannst du doch nachher noch
tun,
du dummer Zwerg. Nun komm schon
her –
(nachdem sich der Zwerg gleichfalls hinter den Tisch gestellt hat)
Schau an: Viel ist es gar nicht mehr,
das haben wir im Nu gemacht!
(es reicht dem Zwerg ein Spielzeug hin, aber weder die Puppe noch das Holzpferd oder die Trompete)
Da, pack das ein; doch gib schön
acht,
daß allem, was du repariert,
nicht unterwegs noch was passiert –
drum spar mir ja nicht mit der Watte,
wie ich dir schon geraten hatte.
(beide wickeln ihr Spielzeug ein)

Zwerglein
(bei der Arbeit)

Du bist doch immer frohen Mutes!

Englein

Nun ja, wir tun doch etwas Gutes,
wer möchte da nicht fröhlich sein?!
(das fertige Päckchen in der Hand)
Kommt das dort in den Sack hinein?

Zwerglein

Ja, in den Sack vom Nikolaus,
da liegen schon ein Bauernhaus,
ein In-di-a-nerpferd aus Zinn,
vier Puppen und wer weiß was drin.

Englein (nachdenklich, das nächste Spielzeug einpackend)	O nein, wie konnten mich die armen, kaputten Puppen doch erbarmen –
Zwerglein (nach der Puppe greifend und sie betrachtend!)	Ja, ganz besonders diese eine; sie hatte weder Arm' noch Beine – die waren alle ausgerissen!
Englein (eifrig)	Die hat ein *Hund* ihr abgebissen, er dachte wohl, da ist sein *Futter*, denn so geht keine Puppenmutter mit ihrem Puppenkindchen um!
Zwerglein (verdutzt)	Na du, der Hund war aber dumm! (er hat die Puppe eingepackt und greift nun nach der Trompete)
Englein	Ach, die Trompete! – Geht sie wieder?
Zwerglein (stolz)	Das will ich meinen! – Ganze Lieder kann man darauf zum besten geben! (er setzt die Trompete an und bläst nach dem Takt Hänschen klein hinein, wobei er nur schrille Töne hervorbringt)
Englein (in komischem Entsetzen!)	O liebes Zwerglein, laß mich leben – (hält sich die Ohren zu!) das ist ja schrecklich, das Gequiek!
Zwerglein (trocken)	Na, du verstehst nichts von Musik (er wickelt die Trompete ein)
Englein (nimmt das Holzpferdchen)	Auf dieses kleine Pferd aus Holz bist du wahrscheinlich auch ganz stolz – das ist ja wirklich eine Pracht!
Zwerglein (wichtig)	Nicht wahr? Das hab' ich gut gemacht!
Englein	Was meinst du, wie der Peter strahlt, wenn er es heil und frisch bemalt vor seinem Christbaum wiederfindet!

– Ob man ihm noch ein Schleifchen
bindet?

Zwerglein
(wirft ihm das rote Band hin)

Hier, mach ihm einen roten Kragen!
– Ich hole mal den Puppenwagen.
(fährt den Wagen vorn vor den Tisch)
Du liebe Zeit, war das Verdeck
verbeult – und ganz voll Dreck!
Das war der Bruder, dieser Bengel!!

Englein
(entsetzt)

O Zwerglein, pfui! Vor einem Engel
darfst du nicht »Dreck« und so was
sagen –
das kann ein Englein nicht vertragen!

Zwerglein
(reumütig)

Verzeih! Das hatte ich vergessen!
– Willst du ein Zuckersternchen
essen?
(zieht aus der Tasche einen Pfefferkuchenstern)

Englein
(erschrocken)

O nein, wir dürfen doch nicht naschen!

Zwerglein

Ach was – ich hab mir alle Taschen
damit gefüllt, da schau'n sie 'raus!
(lupft die Taschen und läßt das Englein hinein-
sehen)

Englein

Na, warte nur – Sankt Nikolaus
wird dir dafür die Rute geben!

Zwerglein
(lachend)

Ha ha! Der stand ja selbst daneben,
als ich sie mir vom Kuchenblech
stibitzte!

Englein
(auch lachend)

Du bist aber frech!

Zwerglein
(holt die Pfefferkuchen aus den Taschen)

Komm her, ich will sie mit dir teilen.

Englein
(an einem Sternchen kauend)

Der schmeckt! – Jetzt aber laß und
eilen;
vor allem: Laß mir ja nichts liegen;

ich muß zu sechzehn Kindern fliegen,
und keins davon darf ich vergessen!
Schau her – hier hab' ich die Adressen!
(blättert wichtig in einer Liste)

Zwerglein

Wie ist das mit dem Puppenwagen?
(fährt den Wagen neben den Sack)
Willst du ihn etwa selber tragen
und durch die Luft mit ihm entschweben?

Englein
(abwehrend)

Da könnt' ich mich ja überheben!

Zwerglein
(versucht, den Wagen aufzuheben)

Ach ja, das ist ein wahrer Graus!

Englein
(erschrocken)

Laß sein! Den trägt Sankt Nikolaus,
wenn wir ihn höflich darum bitten,
zum Christkind auf den Silberschlitten
zu all' den anderen Geschenken.

Zwerglein

Wird er denn auch den Schlitten
lenken?

Englein

Gewiß! Er selber hält die Zügel.
Wir Englein regen uns're Flügel
und fliegen alle hinterdrein.
(vor der Tür ertönt das Bimmeln eines Glöckchens)
Da, horch! Das muß das Christkind sein!!

Zwerglein
(durch den Fenstervorhang spähend)

Der Schlitten steht schon vor der Tür!

Englein
(reicht dem Zwerg die Hand)

Mein lieber Zwerg, ich danke dir!
Bring nur noch schnell Sankt Nikolaus
den Sack bis vor die Tür hinaus,
damit der gute, alte Mann
ihn auf den Schlitten heben kann.
(während der Zwerg den Sack zubindet)
Ich nehme hier den Puppenwagen.

Zwerglein
(ist aufgestanden)

Ich muß dich rasch noch etwas fragen.
Sag Englein, hab' ich recht gehört,
daß *mich* das Christkind auch beschert?
Ich war doch immer brav und fleißig!

Englein
(freundlich)

Natürlich, lieber Zwerg, das weiß ich;
drum wird es sicher an dich denken
und dir zum Christfest etwas schenken
– als deiner vielen Arbeit Lohn.
(vor der Tür ertönt ein heftiges Wiehern, danach das Bimmeln eines Glöckchens)

Zwerglein
(erschrocken)

Oh weh! Der Schimmel wiehert schon –

Englein
(ebenso)

– und auch das Glöckchen bimmelt hell
vor Ungeduld! Nun aber schnell!!
(in diesem Augenblick erscheint durch die Tür der Nikolaus)

Sankt Nikolaus
(dringlich)

Nun macht! – Schon warten alle Buben
und Mädchen vor den Weihnachtsstuben
auf's liebe Christkind. Laßt uns eilen,
um seine Gaben zu verteilen.
Du, Zwerglein, trag den Sack voran –
das Engelchen folgt hinterdran.
(der Zwerg nimmt den Sack auf den Rücken und geht durch die Tür ab. Ihm folgt das Englein mit dem Puppenwagen)

Sankt Nikolaus
(zu den zuschauenden Kindern)

Ihr Kinder, die ihr alle kam't
und unser Weihnachtsspiel vernahm't
Euch wünscht das Christkind alles Gute:
viel Spielzeug, aber keine *Rute!*
(bei den letzten Worten droht er scherzend mit der Rute)

Es begab sich aber zu der Zeit, daß ein Gebot von dem Kaiser Augustus ausging, daß alle Welt geschätzt würde.
Und diese Schätzung war die allererste und geschah zu der Zeit, da Quirinius Landpfleger in Syrien war.
Und jedermann ging, daß er sich schätzen ließe, ein jeglicher in seine Stadt.
Da machte sich auf auch Joseph aus Galiläa, aus der Stadt Nazareth, in das jüdische Land zur Stadt Davids, die da heißt Bethlehem, darum daß er von dem Hause und Geschlechte Davids war,
und daß er sich schätzen ließe mit Maria, seinem vertrauten Weibe, die war schwanger.
Und als sie daselbst waren, kam die Zeit, daß sie gebären sollte.
Und sie gebar ihren ersten Sohn und wickelte ihn in Windeln und legte ihn in eine Krippe; denn sie hatten sonst keinen Raum in der Herberge.
Und es waren Hirten in derselben Gegend auf dem Felde, die hüteten des Nachts ihre Herde.
Und siehe, des Herrn Engel trat zu ihnen, und die Klarheit des Herrn leuchtete um sie und fürchtete sich sehr.
Und der Engel sprach zu ihnen: Fürchtet euch nicht! siehe, ich verkünde euch große Freude, die allem Volk widerfahren wird;
denn euch ist heute der Heiland geboren, welcher ist Christus, der Herr, in der Stadt Davids.
Und das habt zum Zeichen: ihr werdet finden das Kind in Windeln und in einer Krippe liegen.
Und alsbald war da bei dem Engel die Menge der himmlischen Heerscharen, die lobten Gott und sprachen:
Ehre sei Gott in der Höhe und Friede auf Erden und den Menschen ein Wohlgefallen!
Und da die Engel von ihnen gen Himmel fuhren, sprachen die Hirten untereinander: Laßt uns nun gehen gen Bethlehem und die Geschichte sehen, die da geschehen ist, die uns der Herr kundgetan hat.
Und sie kamen eilend und fanden beide, Maria und Joseph, dazu das Kind in der Krippe liegen.
Da sie es aber gesehen hatten, breiteten sie das Wort aus, welches zu ihnen von diesem Kinde gesagt war.
Und alle, vor die es kam, wunderten sich der Rede, die ihnen die Hirten gesagt hatten.
Maria aber behielt alle diese Worte und bewegte sie in ihrem Herzen.
Und die Hirten kehrten wieder um, priesen und lobten Gott um alles, was sie gehört und gesehen hatten, wie denn zu ihnen gesagt war.

Lukas 2, 1-20

Epiphanias

Stille Nacht, heilige Nacht

2. Stille Nacht, heilige Nacht,
Hirten erst kund gemacht!
Durch der Engel Halleluja
tönt es laut von fern und nah:
Christ, der Retter ist da!

3. Stille Nacht, heilige Nacht!
Gottes Sohn, o wie lacht
Lieb aus deinem göttlichen Mund,
da uns schlägt die rettende Stund,
Christ, in deiner Geburt!

Text: Joseph Mohr
Melodie: Franz Gruber

LR
1855

Wir danken für Bild- und Textbeiträge:

Amselfelder-Weinkellerei, Bingen
96, 97

Anthony-Verlag, Starnberg
35

Bavaria Bildagentur, Gauting
38, 44

Freundin, München (Burda-Verlag)
41, 68

Gajek, Esther, München
46-54

Haas, Roswitha, Neubiberg
56

Journal für die Frau, Hamburg
8, 13, 14, 26, 28, 29, 33, 36, 37, 39, 40, 60, 61, 100

Komplett-Büro Agentur für Kommunikation GmbH, München
21, 65, 75, 76, 77, 79, 85, 92, 93, 94, 95

Kraft General Food GmbH, Eschborn
90, 91

Meine Familie und ich (Burda-Verlag)
87

Morgan, Kornelia, Journalistin, Weddelbrook
10, 11, 12, 14, 15, 25, 28, 32, 59, 60, 62/63

Neumeister, Werner, Fotostudio, München
47

Nymphenburger Verlagshandlung in der F. A. Herbig Verlagsbuchhandlung GmbH, München
112ff

Pott, H.H. Nfgr., Bingen
98, 99

Teubner, Studio für Lebensmittelfotografie, Füssen
17, 73

Union Deutsche Lebensmittelwerke GmbH, Hamburg (Redaktion Lutz Böhme, Hamburg)
19, 22/23, 24, 43, 66/67, 70/71, 80, 82/83, 89